# STRESS LESS WORD SEARCH™
# PEACEFUL PUZZLES

**100** WORD SEARCH PUZZLES FOR FUN AND RELAXATION

**Charles Timmerman,** Founder of Funster.com

**Adams Media**

**New York  London  Toronto  Sydney  New Delhi**

## Dedication
Dedicated to my family.

Adams Media
An Imprint of Simon & Schuster, Inc.
57 Littlefield Street
Avon, Massachusetts 02322
Copyright © 2017 by Simon & Schuster, Inc.

Stress Less Word Search™ is a trademark of Simon & Schuster, Inc.

ADAMS MEDIA and colophon are trademarks of Simon and Schuster.

For information about special discounts for bulk purchases, please contact Simon & Schuster Special Sales at 1-866-506-1949 or business@simonandschuster.com.

The Simon & Schuster Speakers Bureau can bring authors to your live event. For more information or to book an event contact the Simon & Schuster Speakers Bureau at 1-866-248-3049 or visit our website at www.simonspeakers.com.

Manufactured in the United States of America

3 2021

Library of Congress Cataloging-in-Publication Data has been applied for.

ISBN 978-1-5072-0020-9

This book is intended as general information only, and should not be used to diagnose or treat any health condition. In light of the complex, individual, and specific nature of health problems, this book is not intended to replace professional medical advice. The ideas, procedures, and suggestions in this book are intended to supplement, not replace, the advice of a trained medical professional. Consult your physician before adopting any of the suggestions in this book, as well as about any condition that may require diagnosis or medical attention. The author and publisher disclaim any liability arising directly or indirectly from the use of this book.

Many of the designations used by manufacturers and sellers to distinguish their products are claimed as trademarks. Where those designations appear in this book and Simon & Schuster, Inc., was aware of a trademark claim, the designations have been printed with initial capital letters.

Contains material adapted from *The Everything® Giant Book of Word Searches* by Charles Timmerman, copyright © 2008 by Simon & Schuster, Inc., ISBN 978-1-59869-536-6; *The Everything® Giant Book of Word Searches, Volume 2* by Charles Timmerman, copyright © 2010 by Simon & Schuster, Inc., ISBN 978-1-4405-0001-5; *The Everything® Giant Book of Word Searches, Volume 3* by Charles Timmerman, copyright © 2010 by Simon & Schuster, Inc., ISBN 978-1-4405-0033-6; *The Everything® Giant Book of Word Searches, Volume 4* by Charles Timmerman, copyright © 2010 by Simon & Schuster, Inc., ISBN 978-1-4405-0610-9; and *The Everything® Giant Book of Word Searches, Volume 5* by Charles Timmerman, copyright © 2012 by Simon & Schuster, Inc., ISBN 978-1-4405-4561-0.

# ACKNOWLEDGMENTS

I would like to thank each and every one of the more than half a million people who have visited my website, Funster.com, to play word games and puzzles. You have shown me how much fun puzzles can be and how addictive they can become!

It is a pleasure to acknowledge the folks at Adams Media who made this book possible. I particularly want to thank my editor, Lisa Laing, for so skillfully managing the many projects we have worked on together.

# CONTENTS

# Introduction

THE PUZZLES IN THIS book are in the traditional word search format. Words in the list are hidden in the puzzle in any direction: up, down, forward, backward, or diagonal. The words are always found in a straight line, and letters are never skipped. Words can overlap. For example, the two letters at the end of the word "MAST" could be used as the start of the word "STERN." Only uppercase letters are used, and any spaces in an entry are removed. For example, "TROPICAL FISH" would be found in the puzzle as "TROPICALFISH." Apostrophes and hyphens are also omitted in the puzzles. Draw a circle around each word you find. Then cross the word off the list so you will always know which words remain to be found.

A favorite strategy is to look for the first letter in a word, then see if the second letter is one of the neighboring letters, and so on until the word is found. Or instead of searching for the first letter in a word, it is sometimes easier to look for letters that stand out, like *Q*, *U*, *X*, and *Z*. Double letters in a word will also stand out and be easier to find. Another strategy is to simply scan each row, column, and diagonal looking for any words.

# PUZZLES

## New Age

AFFIRMATIONS

ANGELS

AQUARIUS

ASTROLOGY

BELIEFS

CHAKRAS

CHANNELING

COMMUNE

COSMIC

DAWNING

DESTINY

DIVINE

DRUMMING

ECLECTIC

ERA

GROWTH

HEALING

HOLISTIC

HOROSCOPE

HUMAN

IDEAS

KARMA

```
H X M C Y Z O D I A C O S M I C Y R W L
C Q W E S A E D I L Y U F S K G T B O A
W H Z T F Z A Z A V I W S V X N L U Q H
V B B S R W Z I O R D R U M M I N G V U
F Y S L N A T R A N S F O R M N F S B K
M E T I P N D U S P I R I T U A L A A K
Y C N I E M Q I J W A C G T T E O R H Y
S G P T C A M S T H E H I N J M M K S X
N E O Q G I S Y V I L A L E C A S A U Y
F P C L P R N C T N O N E M O N E H P F
L Z B I O I O O C H X N R E M C C C C G
L S B H T R I I R Y O E S V M I C I P J
A B N S K C T T E H H L Y O U O T U K N
Z T E D D S A S I E C I O M N C D S L B
G D P L I L M R A T H N M G E S G S B T
C O P L I V R L P Y M G Y L Y J R X I X
H X O X O E I O A E P O C S O R O H Z W
D H U M A N F N W S L E G N A A W U M Q
Z T W L G T F S E L B L X E R U T A N E
J E R A M D A S S E L F F E G Z H C U P
```

MEANING

MOVEMENT

MYTHOLOGY

NATURE

OCCULT

PHENOMENON

POTENTIAL

PRACTICES

RAM DASS

RELIGIOUS

SELF

SPIRITUAL

SYNCHRONICITY

TRADITIONS

TRANSFORM

WISDOM

WORLD

ZODIAC

Solution on page 112

## Mozart

AMADEUS

AUSTRIA

BACH

BEETHOVEN

CHAMBER MUSIC

CHORAL MUSIC

CLASSICAL MUSIC

CLAVIER

COMPOSITION

CONCERTS

CONSTANZE

DON GIOVANNI

EARLY DEATH

EUROPEAN

FAMOUS

FREEMASON

GENIUS

HALL

HANDEL

MARRIAGE OF FIGARO

MASS

MOVEMENT

MUSICIAN

NOTES

OPERAS

ORCHESTRA

PERFORMER

PIANO

PRAGUE

QUARTET

REQUIEM

SALIERI

SALZBURG

SCORES

SERENADE

SONATA

SYMPHONY

THE MAGIC FLUTE

VIENNA

VIOLIN

```
L M A R R I A G E O F F I G A R O Q N C
T E A N C O N S T A N Z E U O L U I P R
P I C N N R S N U C O A P V C A L I E T
E U A I O E V P L C T O R I R O E L R U
O Q F T S S I A F F E S S T I J D S F A
R E Q X A U V V C H S U E V S N N E O B
R R V E M I M H I W M T M H G E A R R T
N D O A E A P L G L Q Z B H R X H O M B
O F A R E I C H A M B E R M U S I C E J
H A L L R R S C M R E Q I A B G N S R M
F E I Y F T I K E T O D Y T Z S N S K O
L J R D S S A M H I S H G A L T A U E V
S G E E S U N O T A Y C C N A R V E D E
P R I A T A V A R Y M F R O S E O D A M
Q I L T P E H E E S P M U S I C I A N E
T C A H N Y P C U P H C A B I N G M E N
Z W S N F O C O M P O S I T I O N A R T
I M M D O A M F O P N R A Q M C O A E F
Z B Q P R A G U E K Y K U Y F V D W S A
Z B S F F A D M S Z S Z G E N I U S Q V
```

Solution on page 112

## Hugs

AFFECTIONATE

ARMS

AROUND

ATTRACTION

BEAR

BRIEF

BROTHERHOOD

CHERISH

CLINGING

COMFORT

COMMUNICATION

CONSOLATION

CONTACT

CUDDLE

CULTURE

EMOTIONAL

EXPRESSION

FAMILIAR

FRIENDSHIP

GESTURE

GREETING

GROUP

HAPPINESS

```
E R U T L U C I L B U P P F F S M W G J
S M R A C C N N C M M P B T G H Y V S X
S A K L L A U S N E S X W B W W I I Y F
E J I G E S T U R E T O G E T H E R M G
L A S R E V I N U M R E U N I T E D N E
D T S S U P P O R T Q B D I P F X Z L
R P N W E A F F E C T I O N A T E E R R
O E I G N N R E C I P R O C A T E D A C
W U I H G O I Y X E E I R F G U O E U H
C A K I S L I P L R T X N C Q O B D R T
E I R M O N N T P A M E P S H F D F R G
I T R O F M O C C A N I V R W L Y R E N
G N V T U I R I C A H O E O E I Z A A E
T N T H F N N N T S R H I A L S H I C L
C S I I K U D N D A T T U T C F S L T H
G L A G M C O N S O L A T I O N I I I A
I R H M N A E R R Q N E T A M M R M O W
L J O Y X I C B R I E F R G E K E A N N
O C L U R F L Y H T A P M Y S S H F L Q
X I D F P L A C I S Y H P T O U C H P C
```

HOLD

INTIMACY

JOY

KISS

LENGTH

LOVE

PHYSICAL

PUBLIC

REACTION

RECIPROCATED

RELATIONSHIP

REUNITED

SENSUAL

SQUEEZE

SUPPORT

SYMPATHY

TOGETHER

TOUCH

TWO

UNIVERSAL

WELCOME

WORDLESS

Solution on page 112

# Hummingbird

```
K D D L E R F L I G H T E T C H Q S O J
J S N N E U G N O T Z N E C T A R Y T F
B J U X P M S B X J J Z H O N E Y L R N
I G N I R E V O H K M D O T D Q D J O W
Q V V G C T R O P I C A L E T P E R C B
D P K T A A S C D W A T E R H N T O H M
M L S T O B S M H M R F J O J H A J I I
J J K N F O L V W I D D T I A D O U L W
G G N I Y L F F T R N O S M G T R O I H
I J G I L I Y L I X G G E M Z S H R D I
G N I R P S Q B O R N R L I U S T T A I
I C G A G M G R A W I N L G Q A Y R E D
D K F N E N O P J C E M A R O G B R N E
R I I I I G H M A S K R M A C Z U H E B
T W P M C D G M T F Z W S T Q J R H R F
V G M A G C U S P W S B A O F J A Y G T
D U Q L R X Z F E A T H E R S I G W Y T
H Z G X O H P U H G A R F Y D A W G T J
H C E T M R F O E S E I C E P S O S L J
S S J B U H N S E E B I L L S C A Z L S
```

ANIMAL

BEATS

BEES

BILLS

EGGS

ENERGY

FEATHERS

FLIGHT

FLOWERS

FLY BACKWARDS

FLYING

HONEY

HOVERING

HUMMINGBIRD FEEDERS

INSECTS

METABOLISM

MIGRATORY

NECTAR

NESTS

NORTH AMERICA

PERCHING

PHOTOGRAPH

RAPID

RED

RUBY-THROATED

SMALLEST

SPECIES

SPRING

SUGAR

SWIFT

TONGUE

TROCHILIDAE

TROPICAL

WATER

WINGS

Solution on page 112

## Mountains

ACONCAGUA

ALPS

ANDES

ANNAPURNA

APENNINES

APPALACHIANS

ARARAT

BALKANS

CASCADES

CAUCASUS

CHO OYU

DHAULAGIRI

GLACIER PEAK

HIMALAYAS

HINDU KUSH

JEFFERSON

KAILAS

KAMET

KANGCHENJUNGA

KARAKORAM

LHOTSE

LOGAN

MANASLU

```
C M O U N T O L Y M P U S E D N A D R L
A O P R N S H I S H A P A N G M A O O L
U U G L A C I E R P E A K A M Q Y O C O
C N A W D J S C N A L B T N O M N H K G
A T N A S H N M T E M A K G U T E T I A
S T N G M H A A O B A L K A N S K N E N
U E A N O I I U M U Y P F P T E T U S R
S R P U U M H N L I N S I A W R N O A O
E R U J N A C S D A L T K R A E U M D H
D O R N T L A H S U G I R B S V O L A R
A R N E G A L A O A K I K A H E M H V E
C U A H O Y A S S O L U R T I T N O E T
S L C C O A P T V V Y I S I N N J T N T
A S O G D S P A W J Y U A H G U I S A A
C A N N S M A R O K A R A K T O O E R M
T N C A I B M U L O C T N U O M R M R F
T A A K R M O U N T M C K I N L E Y E T
B M G A R A R A T N O S R E F F E J I D
I J U F T N U O M O U N T E R E B U S H
X M A P E N N I N E S T H E L E N S R G
```

MATTERHORN

MONT BLANC

MOUNT COLUMBIA

MOUNT EREBUS

MOUNT EVEREST

MOUNT FUJI

MOUNT GOODSIR

MOUNT HOOD

MOUNT KENYA

MOUNT KILIMANJARO

MOUNT MCKINLEY

MOUNT OLYMPUS

MOUNT RAINIER

MOUNT TERROR

MOUNT WASHINGTON

NANGA PARBAT

ROCKIES

SHASTA

SHISHAPANGMA

SIERRA NEVADA

ST. HELENS

Solution on page 112

## Nobel Peace Prize

```
P M A C K O U E Q I P V X N R K G G C D
A E S N O I T U B I R T N O C H O N O R
L U E W U N S Y A H I E N Y N R Y D O H
E U R K Z T T S H M T C T E B V S P B T
D A E B P I U R I Z A S G A I M E D A L
N D T X B U J T O N I L C B E P A N M U
A I R E T I R C D V G H I A A R I Y A A
M P E Z J S I I I N E E D A L P U C P N
D L H C P A D T H V O R R C L G K A E E
C O T H X A C K B F A M S H N A O Y L R
K M O X T A J Q R B N S S I A L D R T X
E A M E L E S E I W E I L E E L E P E I
H N S V D D D N G L A U A V D S F E M K
Y N U E P C N E E Z A Q C E R E T R A C
T U W G R R T C F P C O M M I T T E E F
A A H O C W T A S Y N O M E R E C S B D
H L S G M I S U R C N A N N A I F O K R
O S L O O U N D E P O L I T I C A L Z E
E U J N O I H R S G R O O S E V E L T J
S F V Y L W T A F A R A W E Z M Z O P V
```

ACHIEVEMENTS

ACTIVIST

AL GORE

ALFRED

ANNUAL

ARAFAT

CANDIDATES

CARTER

CEREMONY

COMMITTEE

CONCERT

CONTRIBUTIONS

CONTROVERSIES

CRITERIA

DALAI LAMA

DESMOND TUTU

DIPLOMA

ELIE WIESEL

GORBACHEV

HONOR

KISSINGER

KOFI ANNAN

LAUREATE

LINUS PAULING

MANDELA

MEDAL

MOTHER TERESA

OBAMA

OSLO

PERES

POLITICAL

RABIN

RECIPIENT

RED CROSS

RENAULT

ROOSEVELT

SELECTION

YOUSAFZAI

Solution on page 112

## Stamp Collecting

AIRMAIL

AMERICAN

BLOCKS

BOOKS

COLLECTORS

COMMEMORATIVE
  STAMPS

COUNTRY

COVERS

DEALERS

DEFINITIVE STAMPS

DENOMINATION

DISNEY

DISPLAY

ENVELOPES

EXPENSIVE

HINGES

HISTORICAL

INTERESTING

INTERNATIONAL

LETTER

MAGNIFYING GLASS

MANY

```
C E V I S N E P X E E C I F F O T S O P
K O R S E P O L E V N E P M X X S E X D
E R V F D T M S K R A M R E T A W Z E P
D H A E A F N A C I R E M A L G C A H D
L I A M R I A U T E I U J G R I L I P N
F S S O T S A I W S B D G H N E L P Z O
K T P N Q S S P N L E N I T R A J A Z I
C O M M E M O R A T I V E S T A M P S T
A R A B S Y H P E Y E R I E P V N E N A
L I T O L K M I F Z N R L T A L I R P N
B C S O O A C I K A E I E L I H A O C I
Y A E K T S N O T O C E U S I N P Y O M
N L G S I G O I L S K A W N T U I E L O
N S A N A B O D O B B R G T L I O F L N
E G T M K N K C O L B E T A L P N E E E
P N S C A G I S E M S T R J J K A G C D
N O O L P E R F O R A T I O N T I U T Z
R T P M T M A N Y U T E D R A C T S O P
S F R Y B E E M I Y M L T C O U N T R Y
Z M F L E Y P F T S W O H S T E E H S N
```

MONEY

OLD

PAPER

PENNY BLACK

PERFORATION

PHILATELIC SOCIETY

PLATE BLOCK

POPULAR

POST CARD

POST OFFICE

POSTAGE STAMPS

POSTMARK

RARE

SHEETS

SHOWS

STAMP ALBUM

STOCKBOOK

TONGS

TRADE

TWEEZERS

VALUABLE

WATERMARKS

Solution on page 113

## Stars

ASTROLOGY

BLACK HOLE

BLUE

BRIGHT

BURNING

CELESTIAL

CONSTELLATIONS

DARK

ENERGY

EXPLOSION

FAR

GALAXY

GRAVITY

HEAT

HELIUM

HOT

HYDROGEN

LIGHT YEARS

LUMINOSITY

MASSIVE

MILKY WAY

MOON

NAVIGATION

NIGHT

```
W O H S K Y F S J V J Y P F F P B E S I
O H C E H T P Z L U P R M J Q U L Y F H
L M E O B S E R V A T O R Y U Y U F B D
L P L A N E T S I R I U S P A C E B R G
E T S Q T S P G A L A X Y A W Y K L I M
Y Q Y P N C T E L E S C O P E D Q A G U
E T A V O N R E P U S H A P E L B C H I
Q L I F K S S O L A R S Y S T E M K T L
N O I S U F R A E L C U N O M R E H T E
J A E Y O F M A S D A E D Q A N O O M H
Z B V T O N G A E T N T L F O W H L G U
W H G I W V I T S Y R A I E Y G R E N E
C Y V V G E N M P S T O Q O S H T R O N
L D L A N A T S U L I H L Z N T K N I T
N R U R I I T H P L A V G O G S I C S H
T O C G N U N I V E R S E I G L E A O P
I G D A R K V N O L U H M D L Y X T L R
B E X V U Z Y I Z N O I T A I D A R P K
R N O N B M U N I G H T I X X Z C X X T
O X W M N M V G M X R U F R A W D D E R
```

NORTH

OBSERVATORY

ORBIT

PLANETS

PLASMA

RADIATION

RED DWARF

RED GIANT

ROCK

SHAPE

SHINING

SHOW

SIRIUS

SKY

SOLAR SYSTEM

SPACE

SUPERNOVA

TELESCOPE

THERMONU-
  CLEAR FUSION

UNIVERSE

YELLOW

Solution on page 113

## Museums

ACQUISITION

ADMISSION

ARCHAEOLOGY

ART COLLECTION

ART MUSEUMS

ARTIFACTS

BUILDING

CABINETS

CERAMICS

CHILDREN

COLLECTIONS

CONSERVE

CULTURE

CURATORS

DINOSAURS

DISPLAYS

DOCUMENTS

EDUCATIONAL

EXHIBITIONS

EXPERIENCE

GALLERIES

GIFT SHOP

GUARD

```
B J O B C U R A T O R S T C E J B O Y G
U S C H I L D R E N E W Y O R K W U Z P
I C C O N S E R V E C N E I C S J N N R
L I X L E A R N I N G K N O W L E D G E
D M R E S E A R C H Q G I F T S H O P Y
I A P U B L I C V Y G O L O E A H C R A
N R R I W I N T E R E S T I N G D U V D
G E X H I B I T I O N S F R G P R M U M
S C E M Z R N O I T I S I U Q C A E S I
Z N O I T U T I T S N I M O S E U N Y S
G E C O L L E C T I O N S T X L G T A S
A I R D D S M I T H S O N I A N D S L I
L R C M U E S U M L A N O I T A N Y P O
L E T P E O P L E A R T M U S E U M S N
E P E I H I S T O R I C A L L A U S I V
R X R Q F R G E R U T P L U C S L M D U
I E V Q R A Q A R T C O L L E C T I O N
E R U T L U C D L A N O I T A C U D E T
S A O P A I N T I N G S T E N I B A C S
A R L U D I N O S A U R S R O T I S I V
```

HISTORICAL

INSTITUTION

INTERESTING

KNOWLEDGE

LEARNING

LOUVRE

NATIONAL MUSEUM

NATURAL HISTORY

NEW YORK

OBJECTS

PAINTINGS

PEOPLE

PUBLIC

RARE

RESEARCH

SCIENCE

SCULPTURE

SMITHSONIAN

TOUR

TREASURES

VISITORS

VISUAL

Solution on page 113

## Have Some Champagne

AGE

ALCOHOL

ANNIVERSARY

APPELLATION

BLANC

BOTTLE

BRUT

BUBBLY

CARBONATION

CELEBRATE

CELLAR

CHARDONNAY

CHEERS

CLEAR

CORK

CRISTAL

DRY

EXPENSIVE

FANCY

FERMENT

FESTIVE

FINE

FLUTE

GRAPES

ICE

ITALY

LABEL

LIQUID

LOVE

LUXURY

MIMOSA

PINK

POP

PRODUCTION

QUALITY

RED

ROSE

SPRAYING

SWEET

TASTING

TIPSY

TOAST

WEDDING

WHITE

WINE

```
V L U P Y Q U A L I T Y Z I R M E L E C
W A A S D H J Z E G N I T S A T S B Y P
B U B B L Y R A S R E V I N N A O D J S
C W I N E O E A P X M Q F A H C R A X H
B S J A N L J I L P R K R L G K L W S Q
W I L N N H N W Y C E T A R B E L E C T
G N T W L K C G C H F L O V E U B B A H
N S H A W E Y C N A L B L O H O C L A R
F E Y V L E X C A R B O N A T I O N N E
X P K L C Y D P F D S J B R T L P H X D
D A A S B A H D E O G K S V A I R S F Q
D R J U R M G V I N U J Q T A S O M I M
O G D I U Q I L I N S T S E S R D N N Z
G X U Y T T J Y D A G I T C L Q U V D Z
P N B C S F A R E Y R I V H F T C R J X
K Q Z E E R Q U M C H Y F E H E T C B M
E Q F N P T R X Y W I P U E M E I O N J
W H I S O F U U R T B D D R Y W O R B A
J F F D P S T L A G T I P S Y S N K O H
V U T G C S A T F V L I A P B E H A J W
```

Solution on page 113

## TV Night

ADULT

AUDIENCE

BAND

BED

CARSON

CHIPS

CLASSICS

COMEDY

CONAN

COUCH

DOCUMENTARY

FALLON

FERGUSON

GOSSIP

GUESTS

HORROR

HOST

INFOMERCIAL

INTERVIEWS

KIMMEL

LENO

LETTERMAN

LIVE

MIDNIGHT

MONSTERS

MOVIE

MUSIC

NEWS

NIGHTLINE

OPINION

OVERNIGHT

RERUN

SERIES

SHOWS

SKITS

SLEEP

SNOOZE

STEWART

TALK

VARIETY

```
U F M O M U O E S G O D A F U U S X C O
W M B W R W P A U P E Y F N P N W B N T
I Z Z J I S E E P O X M F A E C L V D Q
N H U W B W S P I H C M X Y H W U O U O
T R A W E T S Q X H J O X G K O W S O T
E F B E S I A Z A G F J P T X J R T C M
R B R X N S Y D E M O C L I V E H R Q S
V A Y S L O E V A R I E T Y T G Y N O E
I R E R U N L C C O Y D X S I M O W F R
E N F Z D C N L L R N M N N K S F T T I
W M F K O E Y E A O P O R I U R L S F E
S R U O W O Y T S F M E M G G E O L W S
W H I S M T N R S L V M R H T H F O X G
A O U O I E A S I O E E J T M C T C O V
U S V H M C R K C L F N E L T G O S C A
X I M U C S D C S N Q R O I T P S N D U
E D C T K U A X I H M E C N E I D U A D
C O P I N I O N G A O J U E P E L N G N
D B T U D P U C N T L W L B B T K L A T
F S Z Z L Q V B Z H E S S Q P R O U O B
```

Solution on page 113

## Origami

BOXES

CHILDREN

CHINESE

COLORS

CRAFTS

CRANES

CREASE PATTERN

DESIGNS

DIAGRAMS

DISPLAY

FUN

GEOMETRIC FOLDS

HANDS

INSTRUCTIONS

INTRICATE

JAPANESE ART

KAMI

MATHEMATICS

MODELS

NOSHI

PAPER CRANE

PAPER FOLDING

PATTERNS

SKILL

SQUARES

TECHNIQUE

TESSELLATIONS

TRADITIONAL

```
C W C J N J F U K U H K I U M E R L Z E
Y Q B I K H D Y J C Z K Q I L E J R K D
L S E Q Y N V G U D W D I A G R A M S C
G E O M E T R I C F O L D S A F U N N S
X R L J P A P E R F O L D I N G O T D L
O A P C A J E X T N H M L Z T I A H I E
S U V R P S N X C T T B X I T D U H S D
R Q D A E E T R K C A V Z C K G V N P O
O S D N R B U R Q A J P U X H S B L L M
L H I E C H U V H E M R E P C R P S A F
O H V S R U N F T R T I H S O N W T Y F
C R D P A T R A E S E N A P A J H W N T
P W O M N U C S N O I T A L L E S S E T
B A S B E I P I S Y R G I A M J R C R J
R O T S R L A N O I T I D A R T H C D D
M L X T K P G H E R R W T T W N V P L W
F D N E E I Z A M U T I A K I G D X I Z
H I R T S R F N S U C K Q Q B R T Q H N
P C F E M B N D P S X W U S T F A R C T
B E D J U S U S X M X E W J H X R Q R A
```

Solution on page 113

## Cooking Fundamentals

```
H A Y E K W E R C S K R O C W M B Q T L
S T J J L T F Z H H E R B S K L I M J V
M V Y R A J O O A T C X V L M B I E T S
R A B L Z D R S T D O I L T B X N T O S
D E P V R T K U B O W L L O E Q K D W E
R L D A E C B I Y M M I C R O W A V E C
A S L N U Z F J B H E W O H A M N K L I
O V I I A E F F F W I S M G S G N S R P
B N P L U L G R A T E R S N N I T E E S
G C K L H T O R B M I E A N S O D P L T
N V F A H T G C A V U E X R A N P I E O
I C E Y N E N R W Z B S I S E E O E E C
T U M B M K Y Q T A T C T L R M B F P K
T E M T T Z S S S T E E B A M O I A H Z
U J U K S Z L G L S R E O V R N Y T G D
C N E V O E R A G U S H O B K D D J S F
X T O S U P S N O E H D W V F M A Q P O
Q D R C P X O L P Z A P X X K L X L C A
H W D M T T F T I M W Z N P Q Q A W W P
B E V G J P R R Y R Q S M C F M D I S B
```

BEANS

BLENDER

BOWL

BROTH

BUTTER

COLANDER

CORKSCREW

CUTTING BOARD

DISHCLOTH

EGGS

FLOUR

FORK

GARLIC

GRATER

HERBS

KETTLE

KNIFE

LARD

MICROWAVE

MILK

MIXER

MUSTARD

NUTMEG

OIL

OVEN

PEELER

PEPPER

PLATE

POT

RICE

ROSEMARY

SALT

SHORTENING

SINK

SODA

SOUP

SPICES

STOCK

SUGAR

THYME

TIMER

TOASTER

TONGS

TOWEL

VANILLA

Solution on page 114

## Boating

AFT

ANCHOR

BEACON

BERTH

BOW

BRIG

BUOY

CABIN

CANAL

CAPTAIN

CARRIER

COURSE

CREW

CRUISE

CUSHION

DECK

DOLPHINS

ENGINE

FISH

FLARES

GALLEY

HULL

LAKE

```
H U N Q E M P C A K U M W M J K J R C M
G L X Z G I C S N X Y G C Q R V S S E M
O G V G Z H G E C A O Y P R U D D E R A
I G T T U C A N H T R E B Y S E L A H W
Y N N T S P E O O B F N R Y F S J G Q Q
U D W K N A P C R O O C Y F Y N N U I I
D N T J O D M A W A T E R R I I R L I C
N N O X N D G E I K P N E E E H E L C W
M C W I J L C B E R B I O E W P K S A E
Z C B D H E M O T O R A S P E L C K N L
J A S C I S G M A R T T E L W O B I A A
C A E Y R K U X A H H P R A S D G P L G
V W X I K A F C W G V A A N B N H P H N
W X U S R U O T I T A C L K E O C E A N
M D Z A F U F S F X T L F E S I U R C V
Y F P O R T Y I N A U S L T R Q Y D A U
N L R S H A R K S H Y R E E H P E N C Z
P K E F H D T O W H N R V V Y C M O H F
L O B A M M Q B R O N I L A K E A U L F
Y W W R G R G Q A B R I G O B U O Y Y N
```

| | | |
|---|---|---|
| MAST | RUDDER | |
| MESS | SEAGULLS | |
| MOTOR | SHARKS | |
| OAR | SIGHTSEEING | |
| OCEAN | SKIPPER | |
| PADDLES | STERN | |
| PLANK | TOUR | |
| PONTOON | VEST | |
| PORT | WATER | |
| RIVER | WHALES | |
| ROW | YACHT | |

Solution on page 114

## Take a Picture

ACTION

ALBUM

ART

BAPTISM

BIRTHDAY

CAMERA

CHRISTMAS

CLASS PHOTO

COLOR

CONCERT

CROP

DEVELOP

DIGITAL

ENGAGEMENT

FAMILY

FILM

FLASH

FRAMED

FRIENDS

GROUP PHOTO

HOBBY

HOLIDAYS

IMAGE

```
L P F Q S L Q Q F P W C O N C E R T Q F
P R G C N U D Z C O L O R E U N I O N R
N I E P B C F X X R R E S A C A M E R A
P N C U S P F O I C N E M D R Y B Y M M
E T B T E Z I N L G L A Q T N Y O M Y E
Z P E M U X L Q A F R T R A V E L L D D
O P F B F R M G I O M O L Y M P I C S V
D A O Q T U E E N Y P A U C D M E R O M
C G U L B M U A X T O H S P A N S T F O
M Q L L E H P I L L J S T F P X L I S Y
R R A N G V H I S W Y F L A S H O S A N
A A T O A V E C L A S S P H O T O D Z Y
X C I I M E Y D D W M E G J O B H T Y N
B H G T I S T I O E F T A B A T C A O G
N H I A R T L D M I L P S P R D S I W N
H F D C B O A O L I G H T I N G T P G I
N L K A H H R D A X O I B I R C R E W D
S I D V S I L L I B S P D M A H A S I D
S M I L E I P R B M F L A N D S C A P E
W I U S W B U Y X B X W K I B Z Z J X W
```

LANDSCAPE

LIGHTING

MEMORIES

OLYMPICS

PANORAMA

PETS

PICTURE

PORTRAIT

PRINT

REUNION

SCENE

SCHOOL

SELFIE

SEPIA

SHADOWS

SIT

SMILE

SNAPSHOT

TRAVEL

VACATION

WEDDING

WILDLIFE

Solution on page 114

## Snowed In

BLIZZARD

CANCELED

CLOSED

COLD

CRAFTS

DANGEROUS

DEEP

DRIFTS

FLAKES

FLURRY

FREEZE

FUN

GAMES

HAPPY

HAZARDOUS

HEAVY

HOME

HOT COCOA

ICE

INCLEMENT

KIDS

PLAY

PLOWING

READ

RELAX

REST

ROADS

SCHOOL

SHOVEL

SKI

SLED

SNOW ANGELS

SNOW FORT

SNOWBALL

SNOWBOARDING

SNOWFALL

SNOWMAN

STORM

STUDENT

WEATHER

```
U V X C J E C Q U Z D B C V Y R Z W H A
M V C V F S C E E L L A B W O N S E B E
H S A G A M E S O A P N U D O L N A V T
K L F T N U F C F O A B T N E D U T S L
H K W D R I F T S S H T W G O S P H S Q
Y F W G O R D L L X D A N F N D S E L Z
O H L S M L C R L S N A P E M I Q R E L
W R U Z G B U N A U W L N P M K W O D D
L S T S W R D E S O L C M G Y E E O C D
Q N R H G L F C N D B M D J E R L T L S
L O G O W C H S W R H W H V S R R C M P
M W R V S O M P Z A E D O O F O O U N H
C F U E O N L G Y Z R U T N F Z N U L I
H A D L L D S E K A L F C W S A N P S F
L L N S D A O R Z H R F O P M T S E R U
Z L K C W H X Z E E K N C W L H O M E H
Y Y V A E H I X E A S C O P K C A R E K
Y Y S Q D L W Z A O D N A L Q I Y O M Y
F X U F B M E V K E S T F A R C K H Q Y
G S Z K C M F D E Q W R D Y H E F S Q T
```

Solution on page 114

## Yummy Ice Cream

BAKED ALASKA

BANANA SPLIT

BASKIN-ROBBINS

BOWL

CAKE

CARAMEL

CHERRIES

CHURN

COLD

CONES

CREAMY

CUP

DAIRY PRODUCT

DAIRY QUEEN

DISH

FAT

FLAVORS

FREEZER

FROZEN DESSERT

FROZEN YOGURT

FRUIT

FUDGE

GELATO

```
F Q Q H L I C K O D M R W N S C O C P P
R Q O T C F C A K E D L A E I M H S Q S
A B F F U A C T N E E U Q Y R I A D A Z
T A A D N Z H T T I L P S A N A N A B H
B K G S D H U S P P B M J S J G D I S H
P E O K K C R T R U G O Y N E Z O R F O
T D A L L I N A V C P H Z M X U F Y L K
J A S W I W N A T I L O P A E N L P O J
Y L Y O M D F R O Z E N D E S S E R T N
B A R B E N P H O F D P B U T F M O A Y
O S U I L A M T E B R E H S R R A D L M
B K P T R S V O B S B U J E A E R U E B
D A O L A W M O N J U I I M W E A C G P
W R O D N E V M B L X M N T B Z C T G B
J R C L O E R S E N O C M S E E I W Z T
D T S O O T S T U N C C H E R R I E S A
W I T C P B S R T E B R O S R O V A L F
I I R L S I F T O A U J M G Y M A E R C
H T G F I R K M W C P Z A X U G M H T S
T K I M B C Y E S X L Z R K I U A T C N
```

LICK

MILK

NEAPOLITAN

NUTS

PARLOR

PIE

SANDWICH

SCOOP

SHERBET

SMOOTH

SNACK

SORBET

SPOON

STRAWBERRY

SUMMER

SWEET

SYRUP

TREAT

TUB

VANILLA

VENDOR

Solution on page 114

## Niagara Falls

```
C M A I D O F T H E M I S T H G I E H H
Q T S T U N T N Y Q G L A C I E R S T I
M N N L Z B R I D A L V E I L F A L L S
W I O E L Q B A R R E L G O A N M L A T
V O W I M A A G O S P O I E N O E A N O
C P D G T P F A E X R Y B C A O R F D R
I T N R O C R R L G T O Q N C M I E M Y
A C A E R C A A E I A V B I D Y C O A O
Q E L A O G E R C T Z I O V N E A H R N
Q P S T N O I I T S A E R O A N N S K I
U S I L T A R V R T E W D R L O F E U S
R O A A O T E E I B A A E P L H A S L A
A R N K C I E R C U T T R N E V L R I C
L P U E E S K L P F I Y S A W X L O G E
U U L S R L A R O F S T K I G O S H H G
P E K Y U A L V W A I N R D R A L U T N
O I R A T N O E E L V N M A D U I F S U
P P A J A D T K R O Y W E N V V O N V L
H U P G N U N I T E D S T A T E S T N P
S S E G M E N T E D B L O C K M L G E B
```

AMERICAN FALLS

BARREL

BOAT

BORDER

BRIDAL VEIL FALLS

BUFFALO

CANADIAN PROVINCE

CASINO

DAM

ELECTRICITY

FLOW

GLACIERS

GOAT ISLAND

GORGE

GREAT LAKES

HEIGHT

HISTORY

HONEYMOON

HORSESHOE FALLS

HYDROELECTRIC POWER

LAKE ERIE

LANDMARK

LIGHTS

LUNA ISLAND

MAID OF THE MIST

NATURE

NEW YORK

NIAGARA ESCARPMENT

NIAGARA RIVER

ONTARIO

PARK

PLUNGE

POPULAR

PROSPECT POINT

SEGMENTED BLOCK

STUNT

TORONTO

TOURIST ATTRACTION

TRAVEL

UNITED STATES

USA

VIEW

VISIT

WATERFALLS

WELLAND CANAL

Solution on page 114

## Bakeries

BAGEL

BAKER

BISCUITS

BREAD

BROWNIE

BUNS

CAKE

COFFEE

COOKIE

CROISSANT

CRULLER

CUSTOMERS

DANISH

DONUT

DOZEN

DUMPLING

EGGS

EQUIPMENT

FILLING

FLAVORS

FLOUR

FROSTING

FUDGE

```
V R F W H B U Y R D O Z E N F J K C E E
K V X O L Q D S X E L I D P L J T W R Z
J W K I N S I T P Z K D S Q O R N E V O
J C U G N I C I W O O A X A U K X Q G O
G E N U L L W U O U S W B F R I W B G W
E T B Q D G E C E G D U F K M E C I T A
F G S G M G X S R F P L L T H S R H R O
J S T N E M P I U Q E I N W O R B T E A
K H M N V L T B E E M B E S C O N E A W
F F U F A S N E B S R A G U S V V U T D
A S G C J S F O C T B T M D D A N I S H
R J A P E F S R E M O T S U C L I M Z I
Z K P N O G U I O L I D E M P F U J B G
E C A C D L P K O S O G L P A F I A V V
G V S Z L W C A Z R T P N L F S G G A Z
G K T E H R I T I K C I A I L E W N R R
S G R G M M A C A R O O N N L X I E I D
O L Y U B R A Z H D P F Y G M L H U E A
L O U O T V V U P V N R O L L S I G T T
S M B W Q Q U J T U N O D A E R B F Y H
```

| | | |
|---|---|---|
| ICING | SANDWICH | |
| MACAROON | SCONE | |
| MILK | STREUSEL | |
| MIXER | SUGAR | |
| MUFFIN | SWEET | |
| NAPOLEON | TART | |
| OVEN | TEA | |
| PASTRY | TREATS | |
| PIE | TRUFFLE | |
| QUICHE | VANILLA | |
| ROLLS | VARIETY | |

Solution on page 115

## Pandas

BAMBOO

BEAR

BIG

BLACK AND WHITE

CAPTIVITY

CARNIVORA

CHINA

CONSERVATION

CUBS

DOCILE

EGG

EMBLEM

ENDANGERED SPECIES

FISH

FOREST

FUR

HABITAT LOSS

HERBIVOROUS

HONEY

JUNGLE

LARGE

MAMMAL

MOUNTAINS

NATURE

POACHING

POPULATION

RARE

SHRUB LEAVES

SICHUAN

TERRESTRIAL ANIMAL

THREATENED

TREES

WILDLIFE

ZOOS

```
H Z V K W B D O L B L I D Q L A G B R K
R L A M I N A L A I R T S E R R E T Y D
B M Z L Q R D M T H R E A T E N E D V I
T G R J D A B U U I V X H J D B F B C B
D R D D M O E T I H W D N A K C A L B R
O A R F O R E S T I O X N L Q O U I J R
J C L A M M A M S C E G R A L N G B B L
H X P R N X Y O I S E E U H S S I E S X
E B N O H C U L K R O J F H H E A S G H
R D C V E D E O E B L L I Y R R E F N W
B M A I M G H D F A V U T U M V R O I T
I J P N B T S W I A W Y T A A A I C H X
V Y T R L P X V L Z G A J E T T H C C N
O K I A E D E H D O N G L R A I C H A U
R I V C M R J Z L O H B E L N O B M O Y
O N I N A U H C I S U E U A H N Y A P B
U E T R N S Z Y W R S P F K L O R Z H J
S Z Y G I S C S H M O U N T A I N S B J
D H L T X U P S M P V G C K N P I E I A
U E B G J I J M P T T P F D U F I B Y V
```

Solution on page 115

## Pillows

BED

BLANKET

BOLSTER

CASE

CHAIR

COMFORT

COUCH

COVER

CUSHION

DECOR

DESIGN

DOWN

DREAM

FEATHER

FIGHT

FIRM

FLUFFY

FOAM

HARD

HEAD

HYPOALLERGENIC

KING

LACE

```
Q B Q L Z X S K L E Y M L N I T A S M Z
Y E F D P P D P W R T R A V E L H V T O
Y T V F S I A Y V H X G W K U G X H P N
D I O R T C V B J Z U Q N A P N G W X G
F H H P P O K U R E L A X I H I O T R I
Q W D Y H M Y L V F L M Z N F K J C V S
W B O W P F D P Z B H F Q R Z F H V P E
O M W R F O G B I D J B D U U X U O D D
X V N U H R A J S H W P O L Y E S T E R
U K L F H T Z L Y U H A R D R U N I S A
S F L N E N I L L V P A T E E M A E R D
N I U I B O L S T E R P H Y S C P R L N
M H M G S I V N Z U R T O P T M A O F A
D B R H J H G B E W A G P R I A H C I T
Q G B T V S E L P E H G E I T O C E Y S
Y T K A R U A A F G U O D N L C U D E Z
V U H C W C G D D I Q Q I I I S O F A G
N Q F N E A A I G K R V C W C C C V D L
H S H P V N U S J G H M N O H S L E E P
D A B Q V F J W E T U R M T X S B F J R
```

LINEN

NAP

NECK

NIGHT

ORTHOPEDIC

POLYESTER

QUEEN

RELAX

REST

SATIN

SILK

SLEEP

SLIP

SOFA

STANDARD

STUFFING

SUPPORT

THROW

TOP

TRAVEL

WHITE

Solution on page 115

## Heavenly Constellations

ANDROMEDA

AQUARIUS

ARIES

AURIGA

BOOTES

CAMELOPARDUS

CANIS MAJOR

CANIS MINOR

CAPRICORNUS

CASSIOPEIA

CENTAURUS

CEPHEUS

CETUS

COMA BERENICES

CORONA AUSTRALIS

CORVUS

CRATER

DELPHINUS

DORADO

GEMINI

HERCULES

HYDRA

LACERTA

LEPUS

LIBRA

LYNX

LYRA

MONOCEROS

OPHIUCHUS

ORION

PEGASUS

PERSEUS

PHOENIX

PISCES

RETICULUM

SAGITTARIUS

SCORPIUS

SCULPTOR

SCUTUM

TRIANGULUM

URSA MAJOR

URSA MINOR

VELA

VIRGO

VULPECULA

```
N L D S U T E C D I I Y C K Q I N P H F
M U T U C S C O R V U S O R E C O N O M
S U P E L B Y H S U D R A P O L E M A C
H D M H O M U L U C I T E R X W P U R I
W E V P S U H C U I H P O O V I S L D D
R A R E S S A K E P S N M R S U C U Y O
H S E C I N E R E B A M O C S D R G H R
J U U T U V C R B A M J E A U I A N J A
B N I I K L S C U I A S G N R Y T A G D
T I O M R E E S A M L E Z I S M E I A O
F H G I U A T S S P P I X S A R R R J S
C P R S R R T I A S R N G M M U Y T S U
C L I N A O N T U R Y I G I A L I Y U R
A E V L N A E I I L I M C N J D S Y I U
Y D I F C Z P S I G S E T O O B T U R A
P S A N D R O M E D A G S R R V E L A T
X I N E O H P K U U R S A M I N O R U N
V P J C A T R E C A L U C E P L U V Q E
N N S C U L P T O R A I E P O I S S A C
D G U D O U V L D I M F A O V Y T M P E
```

Solution on page 115

## Pleasant Pastimes

AMATEUR RADIO

ASTRONOMY

AUTOGRAPH
 COLLECTING

BIKING

BIRD FEEDING

BIRD WATCHING

BOOK COLLECTING

BUTTERFLY WATCHING

CAMPING

CAVING

CLIMBING

COIN COLLECTING

COMIC BOOKS

COOKING

CROCHET

DOLL MAKING

ELECTRONICS

EMBROIDERY

GAMES

GARDENING

GENEALOGY

HOMEBREWING

```
A G N I T T O P S N I A R T B I K I N G
Y U N G N I B M I L C G N I T T I N K F
P G T I T T K Y G N I W E R B E M O H W
J I O O T S V A O I D A R R U E T A M A
G V S L G C C G Y M O N O R T S A V Q T
N N B S A R E U N A P L M G T R C K X E
I G I O A E A L L I K Z N Q E E G E V R
W N G K O L N P L P H I U T R A N L U S
E I N I A K G E H O T C N D F D I E Y P
S D I T G M C D G C C U T G L I L C R O
K L D E N A L O E U O P R A Y N E T E R
O I E F I X M L L N C L M E W G V R D T
O U E L V Z L E O L I R L A A D A O I S
B B F Y A O O G S D E A O E T A R N O G
C L D I C G N I P M A C T C C S T I R N
I E R N S N O W S P O R T S H T L C B I
M D I G A R D E N I N G I I I E I S M K
O O B O S C R A P B O O K I N G T N E L
C M Y B W O O D C A R V I N G G V E G A
C O O K I N G N I K R O W D O O W W C W
```

KAYAKING

KITE FLYING

KNITTING

MODEL BUILDING

READING

SCRAPBOOKING

SCULPTURE

SEWING

SNOW SPORTS

STAINED GLASS

STAMP COLLECTING

TRAINSPOTTING

TRAVELING

WALKING

WATER SPORTS

WOODCARVING

WOODWORKING

Solution on page 115

## Go Hiking

ADVENTURE

ANIMALS

APPALACHIAN TRAIL

BACKPACKING

BEAUTIFUL

BOOTS

BUSHWHACKING

CAMPING

COMPASS

CROSS COUNTRY

EQUIPMENT

EXTREME

FITNESS

FOREST

FUN

GEAR

HAZARDS

HEALTH

HIKING ORGANIZATIONS

HIKING TRAILS

HILLS

HYDRATION

LONG DISTANCE

MAP

MOUNTAINEERING

NATURAL ENVIRONMENTS

NORDIC WALKING

OUTDOOR ACTIVITY

PATHS

RECREATION

RIVER

ROCK CLIMBING

RUNNING

SPORT

STICK

SUMMIT

TENTS

TERRAIN

TOURISM

TRAILBLAZING

TRAVEL

TREKKING

VIEW

WATERFALL

WILDERNESS

```
A S I X W X A Y C W U C A M P I N G S B
Q P H E G N I K C A H W H S U B A N T H
L L P W Q N O I T A E R C E R V O I N B
F E N A L U I S S E N R E D L I W R E O
Y V S G L N I Z S A D V E N T U R E M O
N A S N A A O P A L S D R A Z A H E N T
O R A I F E C R M L L L Z Z G E Z N O S
I T P N R K M H D E B I A F W C U I R U
T S M N E A J E I I N L H M E J D A I M
A H O U T D O O R A C T I V I T Y T V M
R T C R A G R S G T N W M A V N R N N I
D A N U W E S R F U X T A S R F A U E T
Y P A M V E O W F Q A E R L I T E O L R
H I K I N G T R A I L S J A K R G M A E
P Y R T N U O C S S O R C I I I U I R K
C O I I E C N A T S I D G N O L N O U K
C F K O C S R O C K C L I M B I N G T I
N I A R R E T S E R O F H E A L T H A N
H L U F I T U A E B A C K P A C K I N G
J V S T N E T R O P S T I C K Q H W N M
```

Solution on page 115

## Festival

BASH

BELLS

BIRTHDAY

BRIGHT

BUFFET

CARNIVAL

CAROLS

CELEBRATE

CHAMPAGNE

CHRISTMAS

COLORS

COMMEMORATE

COSTUMES

DANCE

DAZZLING

DECORATION

DRESS

DRINKS

ENTERTAIN

EXCITING

FAMILY

FOOD

FRIENDS

```
F S H B C J T H J O L L Y L I M A F F P
V M K N N G N I L Z Z A D W L Z M R A W
G T I N S E L W W J D P Q H G E I R I X
Y U Q G I R B A S H N I A T R E T N E Y
K R G N I R E H T A G L N R N Y E N R B
U K N P V R D R L R L O Y D I T G L D V
A E K E L P I M A O S X S U S A E Q E G
G Y W Y I B E D W A Y D B A P W K M X F
G M S S G L U E E T A R O M E M M O C V
R K R D H A E S F C J R A J R O V R I T
H M O W T N R G A O O H E T C T A N T A
F O L I S I P I K Z C R T C C U C A I O
F E O T E L T S I M H H A A X R A M N X
B N C E M A H A P P Y S R T V H T E G S
W Z L F U I G B G T I N B I I V I N J T
X D O F T V I H L O I E E R S O O T O M
V Q N U S O R O N V L W L J Y T N S Y L
R E V B O J B L A L S S E R D D M F O U
W H Q T C V O L S P I E C N A D N A U Q
M H O G V J K Y R C B B Q C A R O L S V
```

GATHERING

GRADUATION

HALLOWEEN

HAPPY

HOLLY

JEWELRY

JOLLY

JOVIAL

JOYOUS

LIGHTS

MERRY

MISTLETOE

OCCASION

ORNAMENTS

PARTY

PIE

ROAST

SEASON

TINSEL

TURKEY

VACATION

WINE

Solution on page 116

## Like to Write

ADJECTIVES

ADVENTURE

ARTICULATE

AUTHOR

BIOGRAPHY

BOOK

CHARACTERS

CLIMAX

COMPOSITION

CONTESTS

CREATIVE

DESCRIPTION

DIALOGUE

DRAMA

EMOTION

ENTERTAINMENT

EXPRESSION

FACTUAL

FICTION

GENRE

IMAGINATION

INTERESTING

LANGUAGE

LITERATURE

MAGAZINE

NARRATION

NOUNS

NOVEL

PARAGRAPHS

PEN

PLAYWRIGHT

PLOT

POEM

PRINT

PUBLISH

READING

REFLECTION

SCREENPLAY

SENTENCES

SKILL

STORY

THEME

THOUGHTS

VERBS

WORDS

```
P Q T Y K Y J S T S P X P E E P L I L B
Y Z T S A O V X N E R Y T M J S L G O F
Q S K R E A D I N G B S P E N H I O Q P
G S T O R Y H O T H O U G H T S K A T N
P B N A R T I C U L A T E T P T S M F J
R R I V D T N O I T O M E A A S R A A R
H E R M C J I F J N Y A L P N E E R C S
E V P I A R E F L E C T I O N T T D T U
R I F T W G A C N M C L S J A N C M U L
N T A H I N I F T N V H I D P O A A A I
E A L G O N Y N E I P B E M M C R G L T
G E R I R O T U A A V S Y P A E A A H E
I R P R Y L G E R T C E O P K X H Z Y R
R C U W A O E G R R I S S P V L C I W A
L W B Y L T A V I E I O O S N U O N U T
K O L A I R I P O T S E N T E N C E S U
K R I L A K T O I N M T J C A U T H O R
J D S P X I Z O N E N O I S S E R P X E
S S H P O E N M L A D V E N T U R E Z D
G L A N G U A G E Y H P A R G O I B B D
```

Solution on page 116

## Angels

ANGELIC

ART

BEAUTIFUL

BEINGS

BIBLE

CHERUB

CHILDREN

CHURCH

CLOUDS

COMFORT

DIVINE

ETERNAL

FLOAT

FLYING

GABRIEL

GOOD

GOWN

GUIDANCE

HALO

HEAVENLY

HERALD

HOLY

INNOCENCE

```
W D L Y L G C U P V G O O D N I K X H E
F Q T T C A W K G R I L R F I R N P L E
V D F A L R U H I S A N D E N V R B G H
S X K L O L E T I H V L J C V T I R B A
G Y U I U L C M I T A N J N I B N N D A
L P P B D F F P S R E G N E S S E M E F
O A U N S J I S U P I F F C I H R I H D
F N T R L L X T G K A P U O B O D R D W
S D R L E A A A U G N I S N L U L A X V
A X Q O I N Y I R A G M Q N E L I C L M
P Q U V R R P R O T E C T I S D H L T C
W A Q E B E O S L Y L B M E L E C E I H
G Y P S A T G G L A I I B A P R X S C B
N U L J G E R N M H C O R A H M U R C B
S T I O O N E I I H R E O T A M U Y U H
Q T W D H V I W A Y H G S X K H F R V H
J N E B A I Y E T L L R F I C Y E D T I
G M O E B N L V B K O F I C W H F P G D
E G H O W K C O M F O R T Z C W G W A E
F A W G T S C E T W K K D U N R G L B R
```

INVISIBLE

KIND

LORD

LOVE

MERCY

MESSENGERS

MICHAEL

MIRACLES

MUSIC

PROTECT

PURE

ROBES

SHOULDER

SING

SPIRITUAL

SUPERNATURAL

SWEET

TRUMPET

WHITE

WINGS

WISE

Solution on page 116

## Seashell Collection

BEACHCOMBERS

BIVALVES

BRACHIOPOD

CALCIUM

CEPHALOPODS

CLAMS

COASTLINE

COLLECTIONS

CONCH

CORAL

CRAFTS

CRUSTACEAN

DECORATION

EXOSKELETON

FISH

FRAGILE

GASTROPODS

HARD

HERMIT CRABS

INVERTEBRATE

JEWELRY

LAND SNAILS

MARINE ORGANISM

MOLLUSKS

MUSSELS

NACRE

NAUTILUS

NECKLACE

OCEAN

OYSTER

PEARL

PROTECTION

SAND DOLLAR

SCALLOP

SEA

SHAPES

SHINY

SHORE

SNAIL SHELLS

TIDES

WASHED UP

WATER

WAVES

```
I E S X S C T D E G C L Y O A Y R M R S
Z M D M A R I C C L P S B L O E U H H E
L S O O N U D H A R D H R E T S Y O Y V
R C P S D S E M L P Y A F A S T R F D A
D A O U D T S M K D E P W E T E X X U W
W L R L O A B B C P R E L W F O P F P P
Y L T I L C P Q E X O S K E L E T O N N
R O S T L E H S N A I L S H E L L S O J
L P A U A A C C A L C I U M L O C W E D
E Y G A R N U T C E P H A L O P O D S A
W L A N D S N A I L S I C M M C N P Y D
E A E N I L T S A O C K L O E P C W E O
J M S I N A G R O E N I R A M R H C M P
N O E H T K W P L W N S N U H B O L X O
R L V C E C L I E T A R B E T R E V N I
B L L U R D G C Z B C C O R A L E R V H
H U A G I A U V H E R M I T C R A B S C
O S V W R Q F P W M E B I M U R A S Y A
Q K I F N O I T C E T O R P Q Z L H G R
P S B F Y N I H S H N J F L F X R F U B
```

Solution on page 116

## Nice and Pretty

ART

BABIES

BEACH

BIRDS

BOWS

BRACELET

BRIDES

BUTTERFLY

CLOUDS

COLORS

DECORATION

DIAMOND

DRAWINGS

EYES

FACE

FLOWER

GEMSTONES

GIRL

GOLD

HAIR

HORSES

HOUSE

JEWELRY

KITTENS

MAKEUP

MODEL

MOON

MOUNTAINS

MUSIC

NAIL POLISH

PAINTING

PEOPLE

PICTURES

PINK

PUPPY

PURSES

RIBBONS

RING

ROSES

SCENERY

SCULPTURES

SHOES

SKY

SMILE

SUNRISE

```
P U G F L O W E R F F R F S Y Y B V V D
Y B S J V R D B G I B T A K Q L G L B A
K J A K P U E I R E B S E Y E M Q J S Q
F K X B P N H K A A M B Q N L C G V R T
C S R G I W B N H M C S O X I Z A M R C
O T R A G E X I E Y O E T N M G R F Q T
T M C O R H S P R E E N L O S O T C Y N
M O Y R L E W E J D M B D E N E O F Y H
Q D E M M O N N R K S R R O T E D N P C
C E L O D E C R H U A U I S U A S I U A
P L P P C X V M S W T T G K R I N G R E
O X O S W E K U I P A C N N I T I Y S B
N F E U V M N N L R P O I G I T A H E S
G K P X D R G U O Y P P U P H T T V S E
A R Y K I S C C P O M U S I C O N E G O
P S M S E S E Y L F R E T T U B U I N H
M E E S N D O R I I A K L M P Y O S A S
V S R M V S I L A Y T A Y P P I M W E P
I O D L O G E H N M L M A R F M A N S G
H R E L Q X L Z S Q J B Z S O L C W W H
```

Solution on page 116

## Pianos

ACCOMPANIMENT

BABY GRAND

BACH

BEETHOVEN

BLACK

CHOPIN

CHORDS

CLASSICAL MUSIC

COMPOSERS

CONCERTO

EBONY

GRAND PIANO

```
D S S F M Y A M A H A K C Z I Q P Z U S
O R Y U C O D P W I Y K X A R G E U C G
O B A C H K Z O D F O E C I T C A R P L
W N W O K J Z A L O E N L T H G I R P U
U Q N M B M A S R E M M A H W V M U I R
P S I P T Y J E N T M I S I H J Q J A S
S G E O A I E S E Q E G S T P X L A N C
L N T S K P Y K H C E T I H W D A F O A
A I S E X Y L E N E Z P C H S C N N F L
D N A R G Y B A B J E V A T C O A A O E
E U I S Y P M V Y R X T L O B P G I R S
P T D P N R D I C E Z K M S N I R C T G
Q O A Q O A D U U S R P U U U A O I E N
J T I F B H S G E E A P S U S N F S N I
S R R T E S C T V N H G I F L I C U I R
G E S E I R O V I Y I A C A T S C M P T
P C R O T N E M U R T S N I N T S C S S
K N N O H B E H A R P S I C H O R D S K
A O T N C N E V O H T E E B L A C K P F
C C A T T S O U N D B Q G O I O P H Q F
```

| | | |
|---|---|---|
| HAMMERS | ORGAN | SHEET MUSIC |
| HARPSICHORD | PEDALS | SOLO |
| INSTRUMENT | PERCUSSION | SOUND |
| IVORIES | PERFORMANCE | SPINET |
| JAZZ | PIANIST | STEINWAY |
| KEYBOARD | PIANOFORTE | STRINGS |
| MELODY | PLAYER PIANO | TUNING |
| MOZART | PRACTICE | UPRIGHT |
| MUSICIAN | SCALES | WHITE |
| NOTES | SCORES | WOOD |
| OCTAVE | SHARP | YAMAHA |

Solution on page 116

## Something Sweet

BANANA SPLIT

BONBON

BROWNIE

BUBBLEGUM

CAKE

CANDY

CARAMEL

CAVITIES

CEREAL

CINNAMON ROLL

COLA

COOKIE

DECAY

DESSERT

FROSTING

FRUIT

FUDGE

GINGERBREAD

HONEY

ICE CREAM

JELLY

LEMON DROPS

LICORICE

LOLLIPOP

MARSHMALLOWS

MILKSHAKE

MUFFINS

PASTRIES

PIE

POPSICLE

PUDDING

ROOT BEER

SODA POP

SORBET

SPRINKLES

SUGAR

SUNDAE

SWEETENER

SYRUP

TAFFY

TOFFEE

TRUFFLE

WHIPPED CREAM

```
B J B Q P U R Y S W E E T E N E R D R R
H J L R O O T B E E R L S N I F F U M G
D S U G A R B A G O L H A E D W G J I L
M T O F F E E N I A A K P E I H V N L I
H R J D M L I A S M M T N A R T G J K C
L Y F F A T W N T T F P L I S E I Z S O
B A A F S P R A M J E L L Y R T C V H R
Y T E O A Y O S S Q I B O B M P R E A I
R T R L W H I P P E D C R E A M S I K C
P F N U C C J L O G E E N O R A C K E E
Y T O B F I J I R R A U O W S E P O O S
J A C P U F S T D D D T M J H R E O L A
E A C C O B L P N O N C A I M C X C H A
I Z A E M P B E O W U Y N P A E R Y Y X
T D N L D E I L M P S E N O L C R E J A
P U D D I N G L E F R U I T L I E N G C
I Q Y E W T E D L G D C C B O N B O N E
E O K O R G T Z U O U K L D W U R H R N
C A R A M E L U M F L M D E S S E R T S
C B D S I Q V B V L V T B R H M G P E H
```

Solution on page 117

## Butterflies

ANTENNAE

APOSEMATISM

BLACK

BUG

CATERPILLARS

CHRYSALIS

COCOON

COLOURFUL

EFFECT

EGGS

FLIGHT

FLOWERS

FLYING

GRACEFUL

INSECT

LARVAL CATERPILLAR

LEAVES

LEPIDOPTERA

LIFE CYCLE

METAMORPHOSIS

MIGRATION

MIMICRY

MONARCH

MOTHS

NATURE

NECTAR

ORANGE

PATTERNS

POLLINATION

POLYMORPHISM

PUPAL STAGE

SILK

SPECIES

SPOTS

SPRING

SUMMER

SWALLOWTAIL

TRANSFORMATION

TROPICAL

WINGS

YELLOW

```
S O B W S T O P S H P I N Z R B R I C Y
S G H T V R L S W A L L O W T A I L W E
E Y G C Q O W I N G S T Q L B L A C K L
V W O E S P R I N G G I E L C R E M S L
A Q M F M I N G P V T P L T V L W O V O
E L R F W C M O N E I F L A F R L N R W
L U F E C A R G I D L M L N S M D A R O
J C Z P O L C M O T I C O Y S Y N R D A
P X F N L F A P E M A I Y I I G R C C N
Z Z P E O A T A I T T M H C E N L H O T
C X U C U E E C E A A P R M E W G I C E
J F P T R S R R R E R M H O C F T S O N
X B A A F Y P G U O S W O I F A I I O N
U Q L R U I I E M W N N C R N S F L N A
D R S F L M L Y C A S Y R I P L N K F E
X M T L D B L H T I J U L E O H Y A B U
J V A I U O A U H J E L M W T C O X R X
Q R G G P S R A A P O S E M A T I S M T
B M E H H E S V D P C R C R E R A U I B
D S H T O M H T C E S N I F I R T P P S
```

Solution on page 117

## Knitting

ACTIVITY

AFGHAN

BINDING

BLANKETS

CABLE

CAST ON

CIRCULAR

CLOTHING

COLORS

CRAFTS

CROCHETING

DESIGN

FABRIC

FIBER

FLAT KNITTING

GARMENT

GAUGE

GLOVES

HAND KNITTING

HATS

KNITTING NEEDLES

KNOT

LOOPS

```
G K X S J X D S S T F A R C Q Y W U N R
Q K R R K V T X E B L A N K E T S C G U
X P S E U C T B S T A N C G N T E N U H
K P C B C R O C H E T I N G A R I V P V
F F O I O S A S M D K E O H U D P Q Y M
F H L F R R W P P E N I N T N D Z G P H
Z L O T V B D O F Y I B X I E Q N F I B
B R R E P D A E R H T E B S K I G S O W
U C S U A A A F L Y T I I G T C E H E O
E P S I P C T P A A I G V T L H O L G O
W K U W L V M T Q R N C I I C E T T O L
E S P S E L D E E N G N I T T I N K S H
M M C I U A D S J R K A I R N C N G P K
K I M L X N T E E D N T U G C O A B T J
E A T C O S Q E N V S S R G T U U Q N I
L L U T R T P A R I O A A K E S L H E T
B W S F E K H O T S H L N A H G F A M P
A A G E F N D I O U S C G N I B B I R H
C R N W S M S N N L E V A R N U B A A W
O P I W E A V I N G A J V M C V S Y G K
```

MACHINE

MITTENS

PATTERNS

PURL

RIBBING

ROWS

SCARVES

SOCKS

STITCHES

STOCKINETTE

SWEATERS

TEXTURE

THREAD

UNRAVEL

WARP

WEAVING

WEFT

WELTING

WOOL

YARN

Solution on page 117

## Art Therapy

ADULTS

ANALYSIS

AWARENESS

BEHAVIORAL

CHALLENGES

CHILDREN

COGNITIVE

COLOR

COMMUNICATE

CONFLICTS

COPE

COUNSELING

CREATIVE

DISORDERS

DRAWING

EMOTIONAL

ENHANCE

ENJOY

EXPRESSION

GROWTH

HEALTH

IMAGES

IMPROVE

INSIGHT

LEARNING

MAKING

MEDIA

MENTAL

METHOD

PAINTING

PATIENT

PERSONAL

PLEASURES

PROFESSION

PSYCHOANALYTIC

PSYCHOLOGISTS

RECONCILING

RESOLVE

SCULPTURE

STRESS

STUDIOS

TECHNIQUE

TRANSFERENCE

TRAUMA

VISUAL

```
I A M E N T A L M F L I N S I G H T O W
T M E K E P A E V A H R K T M V L R E P
N U P P D N T K U S I S Y L A N A A H S
E A N R O H L S R I Z X E P Q D R N T Y
I R E S O C I D U E F S T U D I O S O C
T T R D C V B C O G N I T I V E I F L H
A E D R J R E C O N C I L I N G V E N O
P Y L E R U T P L U C S S R O F A R O A
Y D I S O R D E R S N H T L A E H E I N
E E H L Q I K R T E K S O N R C E N S A
H R C W O G P L A A V H E Z I N B C S L
K E H I M A G E S W C I N L L A D E E Y
V S T R E S S S W Y I I T R I H G G F T
A O E X P R E S S I O N N A T N X N O I
D L Y O J N E P R N H A G U E E G I R C
U V P L E A S U R E S T S L M R X K P V
L E A R N I N G L M R O L O C M C A J X
T P A I N T I N G J L A N O I T O M E E
S W M B F G R O W T H C O N F L I C T S
A I D E M U N T E C H N I Q U E H S D L
```

Solution on page 117

## Italian Food

ALFREDO

BISCOTTI

BRESAOLA

BRUSCHETTA

BURIDDA

CALAMARI

CALZONE

CANNELLONI

CAPICOLLO

CAPRESE

CARBONARA

CHEESE

CIABATTA

FARFALLE

FETTUCCINE

FOCACCIA

FONDUTA

GARLIC

GELATO

GNOCCHI

LASAGNA

MARINARA

MINESTRONE

```
N A T T E C N A P I A D I N A R M F J K
O C P I Z Z A N A S E M R A P E N N E R
C H E E S E L L A F R A F O C A C C I A
Z T O N I L O C A J B Z C I A B A T T A
I L O I V A R V A M V I T T O C S I B L
T R D R S F O C O R A O T T O S I R S P
I T P E T T E L I O B R S E I M A L A S
U P R O A E M T L B G O I H V A T K U Z
U B O K A L L O T O G V N G V R I H C U
N A S U E T L L Z U C T N A E I U G E P
A E C A N H T E I Z C I C P R N B N A A
U B I N O L L E N N A C P S M A D S P T
Y J U G R C T G H A I R I A I R T U Q U
W P T A T O U C N C Z K E N C A G E N D
H G T S S U T B A O S N J L E Q A S Q N
T E O A E R L A O L C U A A L F R E D O
Z L U L N O F B M S Z C R P L A L R K F
U A D D I R U B T O S O H B I Q I P K S
H T I K M N R I G A T O N I V O C A R H
N O R Z O O I M M A V I T E L L O C N D
```

MOZZARELLA

ORZO

OSSOBUCO

PANCETTA

PANZANELLA

PARMESAN

PASTA

PENNE

PIADINA

PIZZA

PROSCIUTTO

RAVIOLI

RIGATONI

RISOTTO

SALAMI

SAUCE

SPAGHETTI

TOMATO

TORTELLINI

VERMICELLI

VITELLO

ZITI

Solution on page 117

## Flowering Plants

```
A P K B X G W P U P L I K D U B J M L F
P F Y U W H N L G A I L A I N N E R E P
A H O Y D N S F H N O I E D I H C R O C
Q L R E B T S P K S S J S T R A T C E N
V W O C A D H N R Y Y K T U L I P R Z R
D O B M Q S O I O I D S I H L H Q X E B
O B E O I G U C A R N A T I O N E D G E
W N G O T Q E Z L O C G Z T E U Q U O B
M G O I S A I W S K L E O R H P S J N L
Z U U M U I N A R E G S E V A E L A F O
S R N M W Z E Y V K Y O N T S E T A V O
F E E U P S X O U N X R L G R U S U N M
M T D S C G L E T Q J F L O R I S T P T
S A R I Z U I H Y P A K Y E P U M E T S
S W A R T W E L P P A B A R C Y T D C X
A N G I O S P E R M C O E S E A E O G G
R I O L I D O F F A D T I Q L W L R Y P
G N O S U H S Z J W T B R X R O O L H T
D V T M E I J K Q Y I U O I R W I L P T
B I N O X Z V I Y H L I P I D L V Z F R
```

ANGIOSPERM

BLOOM

BOTANY

BOUQUET

BUD

CARNATION

COLOR

CRAB APPLE

DAFFODIL

DAISY

DIRT

EVOLUTION

FERTILIZE

FLORIST

FLOWER

FRUIT

GARDEN

GERANIUM

GRASS

GROW

HIBISCUS

IRIS

LEAVES

LILY

NATURE

NECTAR

ORCHID

PANSY

PERENNIAL

PETAL

PHOTOSYNTHESIS

PLANT

PRETTY

ROSE

SEASON

SOIL

SPRING

STAMEN

STEM

SUN

TREE

TRIM

TULIP

VIOLET

WATER

Solution on page 117

## Ballet Dance

ALLEGRO

APLOMB

ARABESQUE

ASSEMBLE

AVANT

BALANCE

BALLABILE

BALLERINO

BARRE

BATTEMENT

CABRIOLE

CHANGEMENT

DANCING

DEMI POINTE

DESSUS

DOUBLE

EN CROIX

EN DEDANS

EN DEHORS

ENTRECHAT

FISH DIVE

FLOOR

FONDU

```
I M E H M B J C Y U P L W E N C R O I X
T P I N A I S N E T R O H L S E D G U M
V X D Y G N I C N A D I S O S T I X Q F
F I S H D I V E H E E G L I S S A D E Y
R Y E J C K M R E T E T R R T P V G S R
A W L K X E S B N N M E B B L I L E E S
P W I N T K D E D I I A V A N T O I Z G
P A B T M O M E M O M E F C D T T N T A
E P A U U E D T X P A S D E D E U X S P
G B L B G A U T H I E C N A L A B J T P
X X L N N O V E M M A R A B E S Q U E G
I E A S N M L U R E E P F I C G T M I S
M H B R U B S O R D K W A O E U C P L R
C J U W M I O R R B A L L E R I N O P O
Z T P E C L A I A L L E G R O M B Z Z H
T Y S O F B W P F V N S A P D N A R G E
L S V V P B M O L P A R T N E R I N G D
A G A D O M N W E X W V W H X U Y W C N
W U O X F D E S S U S T A H C E R T N E
B R L A U U Q T P J D E I Z R A J J N D
```

FRAPPE

GLISSADE

GRAND PAS

HORTENSIA

JUMP

MIME

MUSIC

PARTNERING

PAS DE DEUX

PERFORMANCE

PIROUETTE

PLIE

POSITIONS

RISE

SPLIT

STAGE

SWAN LAKE

TEMPO

TOES

TURNOUT

TUTU

WALTZ

Solution on page 118

## Cozy Cabins

BATH

BED

CAMP

CANOE

COT

FAMILY

FIRE

FISHING

FOREST

FURNITURE

GENERATOR

GETAWAY

GUEST

HOUSE

HUNTING

INTIMATE

ISOLATED

KITCHEN

LAKE

LOG

NATURE

PEACEFUL

PORCH

PRIMITIVE

QUAINT

QUIET

RELAXING

RENTAL

RETREAT

REUNION

RIVER

RURAL

RUSTIC

SECLUDED

SECURE

SERENE

SHELTER

SIMPLE

SLEEPING BAG

SMALL

TRIP

VACATION

VIEWS

WILDERNESS

WILDLIFE

```
F P R N P K I F I E H L J W K G Z E E P
W L O X H M L C K K S L B F E N E R E S
S T Z C D S A R Y P S U U K O R W I G S
I S D U L N K C Q Q E R O I X G I V V Z
M N L A O J E R P H N S N H R G L V I A
P T S E R O F W E I R U K U A M D H E N
L A T N E R D S T O E Z R B I F L A W R
E K T M L H Y U T R D A G R E R I F S Y
R Q Y B A Q R A O T L N M L T D F S F R
K R R L X E R X C Y I S O L A T E D G Q
D Q T U I E A E L P W L U F E C A E P S
L P E N N M I L E R F O K T V T T D E E
G O S E G Q A E A I G T A A X A D U Z C
D J G H V M L F S M N M C R W E E L Q U
T K J C S S W H D I I A Y A E R T C D R
B H T T L K I Y A T T V Y K U T E E U E
H E B I S N H U N I N F E T Y E L S W X
R K S K G E Q I O V U Q A J M R T E N B
A P Z N E J U N P E H N N Q U I E T H W
R X Y G Y M W G T R I P O R C H T A B S
```

Solution on page 118

## Classic Literature

AMERICAN POETRY

AUTHORS

BOOKS

CLASSICS

COLONIAL

CONTEMPORARY

DICKINSON

DRAMA

EDGAR ALLAN POE

EDUCATION

ELIOT

EMERSON

ENGLISH

FAULKNER

GENRE

GREAT GATSBY

HAWTHORNE

HEMINGWAY

HISTORY

IRVING

JOHN UPDIKE

LANGUAGE

MARK TWAIN

```
W O R K S L E V O N V M E L V I L L E L
V I L A I N O L O C F A U L K N E R P R
N F K C E B N I E T S R O H T U A R G Q
G N I V R I T Q T A O K U A E R O H T H
J N E Y R A R O P M E T N O C S K O O B
V G A P C U M S A A L W I U E E A E S L
N T N U M S K N E R I A T S I I M P Z M
G O D I A A T W H D O I E C N R E A L O
N E S W T I I A O N T N D I B O R S O I
T O Y N C I W L I U Y M S E P T I C O A
E E S I I T R T L V H S T N S S C L H H
R M S I H K G W V I P I A C R T A A C I
X M E O R N C H F O W L T E E R N S S S
F X R R I R T I E W L A E F R O P S I T
Y N C D S H O T D A T E S I N H O I T O
E R A G E O S M R O Q R U C E S E C G R
N E G A U G N A L G R E A T G A T S B Y
R S T Y L E G N B E N G L I S H R D Y D
U E E K I D P U N H O J M O U L Y Z P Y
R N S R E T I R W H E M I N G W A Y Y I
```

MELVILLE

MORRISON

NOVELS

POETS

PROSE

READING

REALISM

ROMANTICISM

SCHOOL

SCIENCE FICTION

SHORT STORIES

STEINBECK

STYLE

THEATER

THOREAU

TOM SAWYER

UNITED STATES

WALT WHITMAN

WILLIAM PENN

WORKS

WRITERS

WRITING

Solution on page 118

## Perfect Picnic

BARBECUE

BASKETBALL

BEER

BLANKET

BREAD

BUNS

CAKE

CATCH

CHARCOAL

CHEESE

CHICKEN

COKES

COLAS

COOLER

CORN

CUPS

EGGS

FAMILY

FOOTBALL

FRUIT

GAMES

GRASS

GRILL

HAMBURGER

HOTDOG

KIDS

NAPKINS

OLIVES

OUTDOOR

PARK

PEPPER

PICKLES

PICNIC

PLAYGROUND

RECREATION

SALT

SANDWICH

SHELTER

SOFTBALL

TABLE

THERMOS

WATERMELON

```
N I Z T S E F B P U W C J Y S X S N U B
D L P C M K W B M B L L O H M O T X F Q
Q M L X K G I Q P E P P E R F M G Z P U
O F P Z Z P A D Q S A L T T N L W S Y X
L C T W Q R P J S T T L B E L B A T U X
Q R N Y W Y U N H E D A B A R B E C U E
R A O L N K I T R T L B B G F F O H M K
L C H I C K E N I L P T V R P L G C G A
G J V M P Z H O L U E O H A A S E K O C
D A C A T C H I J K R O B S R P E O D U
B X N F C O S T S H N F B S K Z L X T P
C O G S C P L A Y G R O U N D I C O O S
L J G F O I B E E R E C L R V C H W H T
B G P N Z M N R N D G P U E U H E R C Q
E F S I D L R C A N R G S L M A E O I Q
T I C F C C X E I U U R B O Y R S O W D
L M F R X K R R H P B I A O P C E D D Y
Z A M K L B L F H T M L R C F O M T N T
P B U X I N T E K N A L B S S A A U A Z
V K M W Q L W H S R H Y I S N L G O S W
```

Solution on page 118

## Rural Living

ACREAGE

AGRICULTURE

ANIMALS

BARN

BLISSFUL

BROOK

COMMUNITY

CORN

COWS

CROPS

DIRT

DOG

FAMILY

FARM

FENCE

FIELDS

FRESH AIR

GARDEN

GRAIN

HARVEST

HORSES

LIFESTYLE

LIVESTOCK

```
B D S I S D B Z Q T A N T E R F Y F W B
M V S G I P H J Y V N R O Y R D J Q U Z
S E S R O H U X N Z E V Y U B C S U W S
L K T H I H A R V E S T R L C X Z K W E
C V W L P A A B S N I A R G T U T Y W A
G L E E U B H H P N L Y S E K A N S E W
M E E E S F K C U R T P U K C I P D E H
F H S A P C S M G R M S C E R X A R F C
S R A W O D M S A N D W L S T G N A I O
T L O X R O E D I L I P X L R O H Y L W
L G A T C G I R E L M K J I A K W E D S
H A Q M C T F I D I B E C E E R T N L L
B R R S I A F E S I R U L O G I E I I O
U D D O M N R J I U L S E Y R A V V W W
T E N I T N A T T T B D E E T H E C O E
L N L V E S H S U X O R S N M S F R K R
J Y P S W O A R W R A W O R T E E F C Q
U J S Z V P E P D N I L A O C R N F H A
N I C Y Z E A O C N N F C C K F C E I R
P O Z T E G B H G M L K P E A C E F U L
```

OVERALLS

PASTORAL

PASTURE

PEACEFUL

PICKUP TRUCK

PIGS

RANCH

ROCKING CHAIR

RODEO

RURAL

SHEEP

SIMPLE

SLOWER

SNAKES

TIRE SWING

TOWN

TRACTOR

TRADITION

TREES

VINEYARDS

WILDERNESS

WILDLIFE

Solution on page 118

## Swim Time

ARMS

BATHING

BEACH

BIKINI

BOAT

BUTTERFLY

CHLORINE

COOLING

CRAWL

DIVE

ENDURANCE

FINS

```
J E T N T M V Z Z A F N X A V G N K I V
Q W S Q Q O M Y V L T U E X U P U C D N
F O E S T F A L N N M S N E O O L F Z B
B O P P T I M E Z F P U T W K O S X Q I
E H Q K K X B W E O R G O G G L E S O X
B E C A V S A O R M S T I N I K I B N S
L O I M W O A T A O L F I C D R S N D C
G H G E F S C R B T Y L F R E T T U B X
I K E L K M W E E I O V A C C C R B O O
K F P X K A N L A O K U R H N N O T A T
S R L B T E L A C N G E L V A K K G T A
K X M E S T G Y H E A O L A R S E N K R
I A R T E V I D F T R R O D U P B I N R
Y P I B N Y L I I I E G L J D L S N I F
H T V W A I L O N M L Z Y S N A W I S B
L U E A L T N E M E V O M L E S P A V D
E F R F W K H I C R A K P T M H Z R V M
G M A D A T W I B A S W I M S U I T J E
S W O U R S F U N S R I C C W I I A N N
V C L A C M Y O S G V T S O K Y E K P M
```

| FLOAT | OLYMPICS | SPORT |
|-------|----------|-------|
| FUN | PADDLE | STROKE |
| GOGGLES | POOL | SWIMMER |
| KICK | RACE | SWIMSUIT |
| LAKE | RECREATION | TEAM |
| LANES | RELAY | TIME |
| LEGS | RIVER | TOWEL |
| LIFEGUARD | SAFETY | TRAINING |
| MOTION | SEA | WATER |
| MOVEMENT | SINK | WAVE |
| OCEAN | SPLASH | YMCA |

Solution on page 118

## Musical Chords

AUGMENTED

BASS

C MAJOR

D CHORD

DEGREE

DIMINISHED TRIADS

DISSONANCE

DOMINANT

EXTENDED

FIFTH

FLAT

GUITAR

HARMONY

INSTRUMENTS

INTERVALS

INVERSION

KEY

LYRICS

MELODY

MINOR TRIADS

MUSICIAN

NOTATION

OCTAVE

PIANO

PITCH

PLAYING

PROGRESSION

ROOT

SCALES

SEVENTH

SHARP

SHEET

SIMULTANEOUS

SING

SOUND

THEORY

THIRDS

THREE

TONIC

TUNE

```
C B M N C V F D Q F K H D B S T T Q K W
A I B T O B E S B L V S Z D E C A L E I
S Z N N L E M V Z A I N V E R S I O N K
E D D S U M V S A T S S H A R P I T C H
V E H E T D N A V T U S X T W Z E C L K
E Q R A G R M U S I C I A N D R O H C D
N X S H R R U G L W C O G B V T T M S U
T Q T J T M E M B M I M D A B H A C U T
H D A E B G O E E I N Z L Y R I C S O S
E T J K N E C N A N O S S I D R X O E O
O A N R D D Y T Y O T T I M R D R L N U
R W D A Y K E E F R S S O O F S A L A N
Y N V U N W A D H T F I F P Q C B A T D
U U O N O I S S E R G O R P S P E S L H
A K J T Y R M G N I S B V K P L I T U W
Q R O J A M C O J A E E K S E A O N M D
W W N T O T B C D D M E L O D Y N I I T
M A I D I M I N I S H E D T R I A D S B
R U R F P W V O X S J P H P B N I L K X
G Y Y V D E E N U T X K A H G P U R G
```

Solution on page 119

## My Wife

ADORABLE

ANGEL

ATTRACTIVE

BOND

BRIDE

CHERISH

CLASSY

COMMITTED

COMPANION

COMPASSIONATE

CONFIDENT

CONTENT

COUNTERPART

DEAREST

DEDICATED

EDUCATED

EMOTIONAL

ENDURING

FASHIONABLE

FEMININE

FRIENDLY

HOMEMAKER

HONEY

HUGGABLE

HUMOROUS

INSPIRING

INTRIGUING

LISTENS

LOVING

MOTHER

NURTURING

ORGANIZER

PAMPERED

PARTNER

RESPONSIBLE

ROMANTIC

SENSITIVE

SIDEKICK

SILLY

STABLE

STEADY

STUNNING

SUPPORTIVE

UNDERSTANDING

WARM

```
N O I N A P M O C I N S P I R I N G A L
T N E T N O C E O T N E D I F N O C O B
E Y E N O H D P M Q L T H S F C U V S W
Z L M B I U F D M B W A R M S N I C T U
H P B O C N W J I R C N Q I D N J N U R
J K A A T E I S T I O O B E G H G S N G
S S T R R H N M T D U I R N O U N S N Y
I E U M T O E O E E N S D D Z M I E I F
D V K V P N D R D F T S E U D O R N N E
E I T S B N E A M A E A N R E R U S G A
K T E I O P Y R N L R P S I D O T I G S
I R L B M N T D B E P M V N I U R T V L
C O L A L C I A S A A O J G C S U I S S
K P P E N N N T W U R C F C A L N V Z T
X P C N G O L E V I T C A R T T A E H E
K U E E I N I H O M E M A K E R N S T A
D S B H Z H A T L F R I E N D L Y E S D
B H S I R E H C O R G A N I Z E R E X Y
E A M X C I T N A M O R S N E T S I L R
F Y L L I S T A B L E L B A G G U H X C
```

Solution on page 119

## Recreational

ADVENTURE

AEROBICS

BASEBALL

BASKETBALL

BICYCLING

BOATING

BOWLING

CAMPING

CARDS

CLIMBING

DANCE

DOMINOES

FISHING

GAMES

HIKING

HOBBIES

INTERNET

JOGGING

KAYAKING

LAKE

MARTIAL ARTS

MOVIES

MUSIC

```
A S P L A K E U X P F T X P S W A U M G
S P E P V C M H T E N N I S C B R U S A
U Z U C N S T R A L A I T R A M S H L T
J S T A N N I N G N I H S I F I O I G L
M K D R J O G G I N G C S T C O L N B F
V A T D I N O I S I V E L E T I I I X D
R T G S S Y P L F G N I K I H P C R N L
E I F J O H A L R I D I N G M Y G C C G
D N K A F P L A U B S G D A C B N T E N
R G U G T A U B S Q A E C L D T I E U I
J N I T B R A T L P G S I S P R L N Z I
I I W W A G X E R U T N E V D A W R G K
G N O W L O F K R G G O I B Q V O E N S
N N I W L T M S F O N O S K A E B T I E
S U I S X O U A T I B I E S A L G N D M
G R S Y V H A B M H N I T P O Y L I A A
P G M I A P P O I G J Y C A E C A K E G
B B E P C L D C I N C I P S O R C K R E
N S E K P V P N B G G P H O B B I E S U
T A L K I N G N I K L A W A C O C J R T
```

PHOTOGRAPHY

PICNIC

PLAYING

READING

RIDING

RUNNING

SAILING

SHOOTING

SINGING

SKATING

SKIING

SNOWBALL FIGHT

SOCCER

SOFTBALL

SURF

TALKING

TANNING

TELEVISION

TENNIS

TRAVEL

TUBING

WALKING

Solution on page 119

## Eat Up

BACON

BANANA

BANQUET

BEEF

BROCCOLI

BRUNCH

BUFFET

BURGER

CAFETERIA

CARROT

CAULIFLOWER

CELERY

CHICKEN

CORN

COURSE

DESSERT

DINNER

DRESSING

DRINK

EAT

EGGS

FISH

GARNISH

GOURMET

GRAPES

HELPING

NECTARINE

NOODLES

ORANGE

PASTA

PEPPER

PLATTER

PLUM

PORK

POTATO

RICE

ROLL

SALT

SAUSAGE

SERVING

SHRIMP

SPAGHETTI

TURKEY

VEGETABLE

WAITRESS

```
F I W C H M Y W Q A E D I H K Y A J K M
F O H S I N R A G L N N T H N N F C W J
W U C Q D O E W D B G C U D L U I D U W
A C N D J O G C N Q U N D I N N E R N S
M U U T E D R X T R P F I V H S I F D Z
M A R V A L U W B A O Q F P S F Y S Q H
R F B O Y E B B S Z R C M E L E V P E Q
O I C S R S E T C E A I R E T E F A C V
L X C S E I A N H U L T N X G B H G G V
L J K E L Y E P L O D C T E F P G H T M
P I T R E K A I C R E T T A L P O E U A
V Z E T C V F C M T B A C U R P U T R L
S Q L I D L O S M H B A M G O Q R T K J
Y A H A O R N S H L R S N R N Z M I E X
S C J W B O E C E R A G P A C O E E Y F
V K E R C R T S O U I S B P N T T V L E
K R N A V A D T S U G M Y E W A J L E B
C O B I P N E A K I R B P S U T U P M U
N P N N E G G S T K N S C N H O R S N K
H G S P R E P P E P E G E T Z P G P I A
```

Solution on page 119

## Angkor Wat

ANCIENT

ANGKOR VAT

ASIA

BEAUTIFUL

BUILDING

CAMBODIA

CAPITAL

CHAMBERS

CITY TEMPLE

COMPLEX

DEVATAS

ELEPHANT GATES

ENTRANCE

FACES

HINDU

HISTORY

JAGATI

JUNGLE

KHMER ARCHITECTURE

KING

MOAT

MOUNT MERU

MYTHOLOGY

```
J W T G M P N A G L L A L X E L P M O C
W S T A I A U I G U S S H R I N E Z J X
P R Q L T P D S S F O C U A C L T Z S A
C A A F A H E A E I G T U H X S Z L U P
Z L R L V X V C X T C P A L I Z L W O A
V O D A R D A J N U A M H H P A L F I E
G H V N O D T U R A B G D M W T C W G R
K C I O K A A T Z E R D T Q T A U O I M
O S S I G U S C R B U T T N M J Z R L E
P A H T N I D S I B H N N B A L P L E I
D N N A A A V N A T E P O E N H K D R S
K S U N X J M D I I Y D Q J V C P H F X
T K H M E R A R C H I T E C T U R E E Q
O R W Q H V K N A A I U E X E E O R L T
U I N J A G A T I V U S Q M W E F I G E
R T M R C L A T I P A C T O P U A T N M
I Z E M Y T H O L O G Y T O Y L C A U P
S H O D K M O U N T M E R U R B E G J L
T A K E K I N G N I D L I U B Y S E K E
T P A L A C E N O T S D N A S W V P V S
```

NATIONAL FLAG

PALACE

RELIGIOUS

SANDSTONE

SANSKRIT

SCHOLARS

SCULPTURES

SHRINE

SIEM REAP

STRUCTURE

SURYAVARMAN II

TEMPLES

THERAVADA BUDDHIST

TOURIST

TOWER

VISHNU

WALLS

WORLD HERITAGE

Solution on page 119

## Creative Visualization

```
C C N I A R B Y E E E E Y J P C N L G J
T W R F K E C R E C O V E R A N C A P K
D E D E A P O S I T I V E U X I O I R F
Y Q C U A N S K H S W P J L T U Y C A E
T E T H L T T T L A R A B U N D A N C E
I Y C Q N T I A Y E P N E W A G E A T L
R E L A T I O N S H I P S P I R V N I I
E E K K E G Q E G Y A R I E L B T I C N
P H S M K P N U P R H E S N G D B F E G
S N A H E T Y P E N T D W T E N H F F M
O U S R A N F H O T L I E H F S A G P M
R Y C T M K T I I N A C A E I N S H I O
P R I C K O T A O Z E T L S L O T N C T
I O N Y E N N I L Y H I T E W I D V T X
N M S C E S T Y G O L O H C Y S P L U S
B E A T W O S R U A U N Q R J I O R R V
M M N G M I E G Z K W X L E Z V S S E S
N I P E E N H V I S U A L T E N J X W W
V O N U E T R E W A R D I N G E E A P G
V R A L U P O P L E A S A N T C I P E D
```

ABUNDANCE

BEAUTY

BRAIN

CHANGES

CREATING

DEPICT

EMOTION

ENERGY

ENVISION

FANTASY

FEELING

FINANCIAL

GOALS

HAPPINESS

HARMONY

HEALTH

IMAGE

INTENTION

LIFE

LOVE

MEMORY

MENTAL

MIND

NEW AGE

PEACE

PICTURE

PLEASANT

POPULAR

POSITIVE

PRACTICE

PREDICTION

PROSPERITY

PSYCHOLOGY

RECOVER

RELATIONSHIPS

REPRESENTATION

REWARDING

SHAKTI GAWAIN

SUCCESS

TECHNIQUE

THE SECRET

THERAPEUTIC

THOUGHT

VISUAL

WEALTH

Solution on page 119

## Trees

APPLE

ASH

BARK

BASE

BEECH

BRANCHES

BRISTLECONE PINE

CANOPY

CARBON DIOXIDE

CEDAR

CHESTNUT

CLIMBING

COAST REDWOOD

CONIFERS

CYPRESS

EARTH

ECOSYSTEM

ENVIRONMENT

FALL

FIR

FOLIAGE

FORESTS

GROWING

LANDSCAPE

LEAVES

NATURE

OLD

OXYGEN

PARK

PHOTOSYNTHESIS

PLANTING

RAINFOREST

RINGS

ROOTS

SAP

SHRUB

SPECIES

SPRUCE

SUNLIGHT

TALL

TRUNK

TWIGS

WATER

WOODLAND

WOODY PLANT

```
M R E E K S C L Q A X H D P L F C W L O
U E N P A R K U K Z C N T A Q B B O L M
J C T K V H A N L E A V E S F S D O A J
E B E S H R U B E L L E G O D A X D F P
E R C F Y R Y B D C E I L B C Y R Y O W
S I U B T S T O O P W I K X G L I P R C
M S R T G J O Q A T A T A E D P L L E L
C T P M A W S C A G C X N P H P X A S I
P L S C K N S E E N V I R O N M E N T M
T E R I H D O O W D E R T S A O C T S B
C C E M N E U B C R A O M X R C E S R I
V O C A G E S A B T S E R O F N I A R N
L N L G C N N T S Y H L G L X Y N I T G
D E D I X O I D N O B R A C M C N H S N
Y P R B P R N T O U H A Y A H G G J G I
N I L Y W B H I N I T P P E S I B R L W
S N R A D E C N F A R P S U L A B O R O
H E T L S H T R A E L T Y N H M U O B R
O E O I R Q I D S E R P U K X C W T V G
R K S L N F Y S V T P S P E C I E S Y A
```

Solution on page 120

## Care Package Received

BANDAGES

BLANKETS

BOX

BROWNIES

CANDY

CARDS

CASH

CLOTHES

COLLEGE

COOKIES

ELECTRONICS

FAMILY

FOOD

GAMES

GIFTS

GOODIES

GRANDPARENT

GUM

LOVE

MAIL

MEMENTO

MILITARY

MOVIES

MUSIC

OVERSEAS

PHOTOS

PICTURES

POPCORN

RECORDINGS

SHIPPING

SNACKS

SPECIAL

STUDENT

SURPRISE

TOILETRIES

TREATS

```
B S W K E P H A U B M I N R V S R M C Q
I B Z P Q F Y L I M A F A A T H Z I S X
X C L X I E N L U X T N E D U T S K H J
W H F A D C A S H N O R D P G U L K I O
A L O J N D T P C P V V K A M E I S N Y
V S T N W K N U W Z V P E K G O B R X C
R Q M D Z W E V R R E L S R S E M A G T
I U F B M M R T D E T S W E S T S I J W
N P N T R E A T S D S S I N H E F E W G
C V Y Y S E P E S R C J A R I T A I O K
I X S B D P D V G I L C Q R P S O S G M
Z O D R H N N S N E K J T S P R C L D O
N J T O P G A O I S L E R E I M U G C V
I P T W O W R C D F L L C X N Y D S U I
I O C N P T G W R I N I O Z G O O E N E
S P P I C W S B O X A F M C O O K I E S
I F P E O D Y T C L A Q A F U O I D C B
T D L S R O T N E M E M I X C J L O V E
O E S A N P P Y R A T I L I M X A O D R
E F C P I E Y G P Y J Y X S K Y W G M M
```

Solution on page 120

## Fishy

AQUARIUM

BIG

BLUEFISH

BLUEGILL

CARP

CATFISH

COD

CRAPPIE

DOLPHIN

EAT

FINS

FRESHWATER

GILLS

GOLDFISH

GROUPER

HALIBUT

LINE

LIONFISH

MARINE

MARLIN

MINNOW

MOUTH

NEMO

```
A D Z K W V T V J E T A H Y B H M M H V
D F D I R K C H D C S U W G M P U C Q L
S R V D N N P O R T A V N Y R R R V K V
C E G E E A Z F R E S H W A T E R A N G
R B I J H B E E A A P D N U P V F W C E
M J L C Y Y A C T E N U D A W I I F Y L
I Z L U E M Z L O M Z G O O R R N C U O
N U S L E P H D L U S X E R L I S A E P
N T L D B F S L G I Y U S R G P P T D O
O A E Y E K I P N R E H T R O N H F R S
W N D T S G F S A A T G D O C U F I L K
D K N Y E M D D H U F Y T R L Z G S N R
V X I U A N R H O Q L X A I H O M H X A
P Z L G F O O M D A L P Q M L A O X Y H
F B R A O M W S C X P J M D R A X M S S
F V A N O L S S L I O N F I S H P I E A
P L M U D A M Z E A Y I N E E V F I L N
V F P Y S S A B A E S E Y A A N F P A J
T B U D U O U I T H A L I B U T I R H F
L E Q S U R I G C K B P M S K H F L W B
```

NORTHERN PIKE

OCEAN

ORANGE ROUGHY

PERCH

PIRANHA

POLE

PUFFER

RIVER

SALMON

SCALY

SEA BASS

SEAFOOD

SHARKS

SPECIES

STREAM

SUNFISH

SWORDFISH

TANK

TILAPIA

TUNA

WALLEYE

WHALE

Solution on page 120

## Mahatma Gandhi

ACTIVIST

AFRICA

ASSASSINATED

BELIEFS

BRITAIN

CIVIL

DEMOCRACY

DISOBEDIENCE

FAITH

FAST

FREEDOM

GENTLE

GREAT SOUL

IDEOLOGICAL

KIND

LAWYER

LEADER

LOVE

MAHATMA

MARTYR

MODEST

MOVEMENT

MUSLIM

NEHRU

NONVIOLENT

PACIFIST

PEACE

PHILOSOPHY

POLITICS

POVERTY

PRAYER

PRISON

PROTEST

RELIGION

RESISTANCE

RIGHTS

SALT MARCH

SATYA

SIMPLICITY

SPINNING

SPIRITUAL

TRUTH

VEGETARIAN

WISDOM

WRITER

```
Y T H D H T P G W N V R W U U U M K B R
X A S T P R A Y E R E S I S T A N C E N
R E U E S C N E E T T D L S H M Y T L I
J R L F D I C Y N H E I P A O M R S I A
T S P T O O F E G O V I T D N E P U E T
W I X O N Z M I L I R M E S Y I Q M F I
G C G E V E R O C I A E Z W N R O U S R
W A H R V E G E T A R I A N G D V S E B
L R Z O E I R U G F P L I S S W H L V R
U D M J C A A T U D Y N V I L C I I O E
Z X A A N L T K Y B G H W A R G B M L T
E K L N E N O S I R P N P A I V G K K I
S C I T I L O P O N O L M O M A R T Y R
I B R E D A E L A U D T N M S B L S Z W
A Y P E E C Q T N E L O I V N O N I F E
T Z Y R B I Z Y C A R C O M E D L V W C
T S E T O R P U S Y T I C I L P M I S A
G C A V S F D F B A Z P U M F A I T H E
O R C F I A Y T A S Z U V M L E R C R P
W W S H D E T A N I S S A S S A Q A K G
```

Solution on page 120

## Romantic Escape

```
L X R E N V N R M W U L C N D E S E F N
R K C E I D O P E T O S T A R S Y I O Y
D L C S L Y Y X D V N X B G N I C N A D
L A I E T A R B E L E C Y C E D M T N K
R T S C Z S T R O L L R R R R U L E F E
T O U M L A C I P O R T A O J W K E S S
K B M G N I D N O B O P S D C E X C S I
W I O A R Y A P G N S E R N E C A Q Y R
K S G V N Q N Q V N S D E W I P T C T P
R L U F E C A E P S I H V T E B W H V R
K A Z T G L E X L S G T I Y E M A O A U
X N K Z A D E T A W B N N P G Y L C H S
B D C V I X L P P N G O N A A A K O O U
N R I N R T P Q A B I T A D H Z S L T N
J R N R R E U N R T U A R H T C I A E S
Z E C H A I O Y A L H U T C F T N T L E
R X I R M U C L D E T G I N U I E E P T
J A P G H Q O F I A C Y I D U U D O I T
U I T R O S E R S R W O E L O O L M R L
D L F Q I W S T E K C I T S F E M O T Q
```

ANNIVERSARY

BONDING

CABIN

CANDLES

CELEBRATE

CHOCOLATE

COUPLE

DANCING

DINNER

DISAPPEAR

ELOPE

ENCHANTING

ESCAPE

EXCITING

FLIGHT

HOTEL

ISLAND

ISOLATION

LOVE

MARRIAGE

MOUNTAIN

MUSIC

OCEAN

PARADISE

PEACEFUL

PICNIC

QUIET

RELATIONSHIP

RESORT

ROMANCE

ROSES

SATURDAY

SOLITUDE

SPA

STARS

STROLL

SUNSET

SURPRISE

TALK

TICKETS

TRIP

TROPICAL

VISIT

WALKS

WEEKEND

Solution on page 120

## Celestial Body

ASTEROID

ASTRONOMY

ATMOSPHERE

EARTH

FAR

FORMATION

GALAXY

GAS GIANTS

GASEOUS

GRAVITY

GREEN

ICE

JUPITER

LARGE

LIFE

LIGHT

MANY

MARS

MASSIVE

MERCURY

MILKY WAY

MOONS

NASA

NEPTUNE

OBSERVATION

OCEAN

ORBITS

PLUTO

RINGS

ROTATION

ROUND

SATELLITES

SATURN

SCIENCE

SEA

SOLAR SYSTEM

SPACE

SPHERES

STARS

STELLAR

SURFACE

TELESCOPE

URANUS

VENUS

WORLD

```
L E H S X W E O R S R R I N G S T A R S
I K T E L E S C O P E L P V N A W N Z A
Q G R E E N O Y A G Y M G O T T S Z M B
X S A R A L L E T S A A B M F U A A M N
L U E Y E V A C W R S S O N O R T Y N A
O M X W E T R I S E E S G X R N E L S N
O B O N Q W S J O R P I D I M E L F M O
G G U O O F Y U V H R L A P A C L P I L
I S H X N I S A E S E Y U F T N I H B L
U S S E A S T R O N O M Y T I E T V P L
B R P F D I E A U A I D I B O I E S S S
Q R A A O V M T T Z J I P L N C S U P R
G N G N C N P V W O R L D Q K S C H W E
E J A L U E E R D X R T L Y J Y E U V E
S C L E N S O N S E H S T Q P R W I F P
H M A G C G U W T G D I O R E T S A T Z
K N X F B O Y I I U V M V S A S R E Y O
R K Y G R X P L B A Q I L L A R G E A G
G J P Z U U M E R C U R Y M A N Y N Y P
B T A J J M S G O H B S Q T K I D P W S
```

Solution on page 120

## Smells Fine

AFTERSHAVE

AIR

ALCOHOL

APPEALING

AROMA

BAKERY

BERGAMOT

BLOSSOMS

BODY LOTION

CINNAMON

CITRUS

CLOVES

COFFEE

ENCHANTING

ENTICING

ESTERS

EXOTIC

FLOWER

FRAGRANT

FRESH

FRUIT

INCENSE

JASMINE

LAUNDRY

LEATHER

MUSK

NUTMEG

ODOR

OILS

PATCHOULI

PEPPERMINT

PLEASANT

POPCORN

POTPOURRI

RICH

ROMANTIC

SACHET

SAMPLE

SANDALWOOD

SAVORY

SCENT

SOAP

SPICE

SPRAY

TARRAGON

```
U D B A O I X P N Q K B N M T S T E Z K
D S M C J F R E S H R O R I C H U A O C
V O O D O R U P A Q G G L E H C D D R I
N Y S G E A N P C A Y F N R Q T U S B T
L H T W M C P E R I T T C I N N A M O N
C X O O X E G R N K T D L A C N D U P A
Y L R I A N A M C C S O S S D I Y A I M
F A S L F T W I K U H A X A U Q T R I O
V U I U E H P N R O E A L E M K R N Z R
T N S O L O X T C L F W N T I U R F E P
G D E H P F I L P A O S A T O P S S N E
S R V C M C A P V O X K F P I S Y K I J
K Y O T A N B O D Y L O T I O N P Z M H
N R L A S U E B V E D O E J S G G R S J
N V C P Q T S K O G P Y R E K A B P A X
J O I L S M T M S M O S S O L B V Q J Y
P C N L P E E U W L R E H T A E L O L T
E E F R A G R A N T O M A G R E B M R N
T T E H C A S L H S P L V E S G I P D Y
R I H Z C O F F E E S N E C N I H W L Z
```

Solution on page 121

## Aquarium

AIR

ALGAE

BUBBLES

CLEAN

COLORFUL

CORAL

DECORATIONS

DOLPHINS

EXOTIC

FILTERS

FISH FOOD

FRESHWATER

GLASS

GOLDFISH

HOME

HOOD

JELLYFISH

LIFE

LIGHTS

MAMMALS

MARINE

NET

OCEAN

OTTERS

PLANTS

PUMPS

ROCKS

SALTWATER

SAND

SEAHORSE

SEAWEED

SHARKS

SNAILS

SPECIES

STARFISH

STONES

SWIMMING

TANKS

TROPICAL

TURTLES

WHALES

ZOO

```
Y U Q N S M B F C M H L A R O C B H B U
P G W N L J T R S E N O T S E I E U G S
W T H L B Y Z B R K F N O I J T C M E I
G N A L Z A M N K G R S O D S O D A O V
K R L N L U K A S A W A J T G X W M C H
U E E B K J M W B I Q V H P T E I M Q X
E K S J U S S G M D A Y V S E E W A C Z
Q R E Z Z S U M E S O Z C D E Q R L Y L
J E L L Y F I S H K D O L P H I N S E Y
I T B E G N X S N C L E A N T S C S N D
Y A B J G T I W V O V H D U D T R E C N
V W U S U F C U R R I T R T B O T N P A
D T B G R Q C F X R E T A W H S E R F S
M L S A O E U Y F T L P A A E Q F A I P
Z A T N B L T N A E C O E R L B I C S M
Q S R G A C D L S F Z S O B O G L D H U
H M K I L I K F I U T R O P I C A L F P
U X S T N A L P I F S J Z V A Z E E O T
E E Z K Q E S S J S T H G I L J J D O V
B U G L Z S J S H T H S R U X J Z R D J
```

Solution on page 121

## Get Motivated

ACHIEVE

ACTION

AMBITION

ATTITUDE

BELIEF

CAUSES

CHANGE

COACH

COGNITIVE

COMPETITION

DEDICATION

DESIRE

DETERMINATION

EDUCATION

ENCOURAGE

ENERGY

ENTHUSIASM

EXERCISE

FAMILY

FINISH

FOCUS

FUTURE

GOAL

```
L U R R E W A R D J B P S T I M U L U S
E J G Q V V S F F B O L E B N C O A C H
A O G P R A I S E S S X K V F G B I A C
D M I N C E N T I V E R D A L J E C C L
E K B O B A X T O R L K E E U D H O M H
R C I I H Q I B C M F A I G E A S S S D
K P V T T V V I Y H J L A T N N A U I M
P X I A E I S G J I F N E G C U P X M B
S A D C M E O R Q A N R E P E K H B I P
T L Y U L A U N M B M S D E S I R E T L
E E T D L N O I T I T E P M O C L L P A
I V N E I O L R N E D E D I C A T I O N
O Z E V W Y F A Z E N C O U R A G E C N
G W T I E N T H U S I A S M T A B F O H
Y X N T H I X Y G R E N E M E I T I S J
D F I I O C F H E Q E C S R X U T I V X
Z O J N Y P A W T N A W U Z T C N T O R
Y Q M G R X O T G F O T A P A I J J A N
L B T O I P I K C B U M C H F O C U S Z
Y S D C Q Y G M Z F G P K U G G Z X G Z
```

HUNGER

INCENTIVE

INFLUENCE

INSPIRATION

INTENT

LEADER

MONEY

MOTIVE

NEED

OPTIMISM

PLAN

POSITIVE

POWER

PRAISE

PROD

PUSH

REWARD

SELF

SOCIAL

STIMULUS

WANT

WILL

Solution on page 121

## Tea Party

BLACK

CAFFEINE

CASABLANCA

CEYLON

CUP

DARJEELING

DRAGONWELL

EARL GREY

ENGLISH BREAKFAST

GINSENG

GREEN

GUNPOWDER

GYOKURO

HERBAL

HOJICHA

ICED TEA

IRISH BREAKFAST

KEEMUN

KUKICHA

LAPSANG SOUCHONG

LIPTON

MAMBO

MILK

OOLONG

SCENTED

SENCHA

SILVER NEEDLE

SNOWBUD

SONG YANG

SPICED

SUGAR

TAZO

TEA BAGS

THAI TEA

WHITE MONKEY

WHITE TROPICS

YUNNAN GOLD

```
G I Z O L S A P E Z G I N S E N G E G I
Q T S E U A K E E M U N N L Q B D J T Z
N T S D F O P B T T W O D K N E E R G A
O U C A R E R S E D W E C Z G N O L O O
T V I A F W L A A B E A R L G R E Y Y B
P F P A S K B L U N L C F L O Q T N V M
I Z O Z F A A D R B G P I J S L W S N A
L R R J G C B E N C M S O W F A H C S M
W L T S S G V L R V H Q O A T B I Y O L
K L E M Y L U H A B I A G U U R T U N E
D L T W I Z O N R N H Q G Q C E E N G L
G M I S N J O E P C C S N S K H M N Y F
C C H M I O A H I O U A I R E H O A A G
U T W C Z K G K S S W P L R N G N N N O
X B H N F G U A C U A D E H I U K G G S
R A U A H K D E R P G U E D E M E O E P
E X S T I G N M A D W A J R F G Y L U Q
Y T O Z A T P G Y O K U R O F N L D N B
N O L Y E C E S E N C H A G A O M P Q E
R D G D O R E A R R W E D E C I P S Z F
```

Solution on page 121

## Autumn

ACORNS

ALLERGIES

APPLE CIDER

ASTER

BEAUTIFUL

CHILLY

COOLING

DECIDUOUS

EQUINOX

FALLING LEAVES

FEAST

FESTIVALS

FLU

FOLIAGE

FOOTBALL

FROST

FRUIT

GOURDS

HALLOWEEN

HOMECOMING

LABOR DAY

NATURE

NEW ENGLAND

```
Z W O C L G X D P C S N O S A E S T J P
P S T G F N N Z D N Y C L L A Q F I B S
I F H P Q O S I R S T N S S L U Q U D P
C E A R U Q L O K O T W T M L I N R Y R
O A N L U M C I B A E E Q Y E N U F E I
A S K A L A P E A A R Y A D R O B A L N
Z T S D B I R K T G P E R Z G X J M L G
X H G E W J N E I B E A U T I F U L O J
A T I N N O R G D N A L G N E W E N W T
O G V L I S R J L I S A S B S H W S R M
O Q I U A M F C D E C I D U O U S E N R
Z Q N L R N O E E F A E R E Q Y E P O C
B G G F L O N C S R X V L K R S P T V O
P U N O S A E S E T A R E P M E T E E O
S O A S T G B H L M I C D S P T P M M L
B T B U N U T T O A O V S O G A A B B I
L B R A D A T S O R F H A L L O W E E N
K E R F E B Q N H O J Y L L I H C R R G
N O P W J V B O C K F S O L S T I C E X
E L N T J J E W S H M A Y C W E P J H N
```

NOVEMBER

OCTOBER

ORANGE

PRETTY

PUMPKINS

RAIN

RAKING

RED

SCARECROW

SCHOOL

SEASONS

SEPTEMBER

SNOW

SOLSTICE

SPRING

SQUASH

SWEATERS

TEMPERATE SEASON

THANKSGIVING

TREES

WEATHER

YELLOW

Solution on page 121

# Vacation Time

```
E T S Z B B C N I D S T R O S E R W T A
S S I G H T S E E I N G R G N I K C A P
J S A M S A R E M A C U T O M K A W S E
H K K C E Q J A P I R H O O P M L K E C
S S I Y T S L J V P I R T R P I R S T Z
N D A O D I H O L E B E I I G A C Y I G
O P U R B I U A O I L S N R P P R A S B
R R I T X E V S R P C G J L A C M G L E
K V E G N I K I H E G J A U S R R A A I
E N T E R T A I N M E N T M R U V S C Y
L B I C Y C L I N G O O I E E I N T I B
I P I C N I C T S I M E S M N S X R R G
N J G X D R I U T O B T B R M E E O O R
G F N N O S Q A B G A E A K K I R P T G
N R I U I N N I K U L C A N E P W S S O
I I T V I G L C R E D I T C A R D S I C
I E A M V E D A T M B N N K H Q S A H K
K N O S J O N O U O E R U S A E L P F W
S D B U S T H Y L I M A F O O D E R A R
F S E D I R B R I Q W P V W E R N U Q E
```

AUTOMOBILE

BEACH

BICYCLING

BOATING

BUS

CAMERA

CAMPGROUND

CAMPING

CARNIVAL

CREDIT CARDS

CRUISE

DRIVE

ENTERTAINMENT

FAMILY

FOOD

FRIENDS

HIKING

HISTORICAL SITES

HOTEL

LODGING

MOTEL

NATIONAL PARKS

PACKING

PASSPORT

PICNIC

PLEASURE

RESORTS

RESTAURANT

RIDES

SCENIC ROUTE

SIGHTSEEING

SKIING

SKYDIVING

SNORKELING

SPA

SUITCASE

SUN

SWIMMING POOL

TAN

TIMESHARE

TOUR

TRAVEL GAMES

TRIP

TROPICAL

VISIT

Solution on page 121

## Central Park

BEAUTIFUL

BELVEDERE CASTLE

BENCHES

BIRDS

BRIDGES

CALVERT VAUX

CHILDREN

CONCERTS

CONSERVATORY
  GARDEN

DELACORTE THEATER

ENTERTAINMENT

ESSEX HOUSE

FESTIVALS

FLOWERS

GREAT LAWN

HISTORIC LANDMARK

ICE SKATING

JOGGERS

LAKES

MANHATTAN

MARATHON

NATURE

```
E S S E X H O U S E G N I K L A W U U Z
K B H J N S C I N C I P E D I C A B S S
B E A U T I F U L Y M T N O H T A R A M
R G K R A M D N A L C I R O T S I H N E
E N E D R A G Y R O T A V R E S N O C R
L I S B E L V E D E R E C A S T L E T U
A N P N K P N O I T A E R C E R Q N U T
X N E E R G E H T N O N R E V A T T A A
B U A R X S L A V I T S E F A W T E R N
B R R D U S J A S C Y L B M W B K R Y S
S D E L A C O R T E T H E A T E R T O L
H N F I V U G I R S I F N N S R A A Y I
T U E H T L G O E K C L C H I R P I F A
A O S C R P E V C A K S H A R Y N N L R
P R T I E T R R N T R T E T U F A M O T
O G I L V U S E O I O R S T O I B E W R
N Y V B L R C S C N Y O W A T E R N E E
D A A U A E O E R G W P Z N G L U T R E
S L L P C S N R W Q E S B R I D G E S S
L P G R E A T L A W N L A K E S D R I B
```

NEW YORK CITY

PATHS

PEDICABS

PICNICS

PLAYGROUND

PONDS

PUBLIC

RECREATION

RELAX

RESERVOIR

RUNNING

SANCTUARY

SCULPTURES

SHAKESPEARE FESTIVAL

SPORTS

STRAWBERRY FIELDS

TAVERN ON THE GREEN

TOURIST

TRAILS

TREES

URBAN PARK

WALKING

ZOO

Solution on page 122

## Casual Clothing

ACTIVE

BELT

BLAZER

BUTTON

CARDIGAN

COMFY

CONTOURED

COTTON

CROPS

DENIM

DRAWCORD

DRESSES

EASY

ELASTIC

FABRIC

FIT

FLARE

FLEECE

HOODIE

JACKET

JEANS

KNIT

LAYERED

LEGGINGS

LIGHT

LOUNGE

NATURAL

PANTS

POCKETS

PRINT

ROOMY

SHIRT

SHORTS

SILKY

SKIRTS

SKORTS

SLEEVE

STYLISH

TANK

TEES

TOPS

TUNICS

VEST

WEAR

WRAP

```
L G H C Z I Y S E N R J C B A B H B Q E
Z H K S S I M Q J A X K O V U C D C O Y
L V U M H K O A R V E S T T A N K L U S
O R O J E I O N J C O N T O U R E D T Z
S E K E N E R R S K A O O K P G I R A Y
S R G V U A W T T I N R N M G S O A S Q
Z X W U C O M F Y S Y I D I C H S W U Q
J E V E E L S L L V T A N I S H K C G S
R D N B W C A T I F X G T R G L W O D Q
S V V E D R E S S E S S L U N A H R X E
F I V L U I F E H J A C K E T Y N D P H
B H T T A F C O L L U P O C K E T S M P
B L A Z E R O O E F Z M S C I R B A F O
F N N O O D U F L B A C T I V E P X L R
F P X P I N P A R W T G R M T D S J L Z
W I S E G S R N B T U N I C S N A E J W
Y S M E M E I A Y U H N K P S K R A E W
Y G J Z C B N L N W E G S T N A P N L T
V S F R X E T I K D G Y I I R C R S U Y
X O C F J S E A S Y P B R L M S U A R J
```

Solution on page 122

## Virtuous

ABILITY

AUTONOMY

BALANCE

BEAUTY

BELIEFS

CANDOR

CARING

CAUTION

CHARITY

COMPASSION

COURAGE

EMPATHY

ETHICS

FAIRNESS

FOCUS

FORGIVENESS

FORTITUDE

GOODNESS

HONESTY

HOPE

HUMILITY

IDEALISM

JUSTICE

```
I Y L Q O W D L I L A F D I B E Z X K L
F C H A G S D F M U L T Q Y C Z N Y O U
Q C H T G N E R T S F F T X O O Y T Y V
J T U A A Z I O E O U U L G U B V S O G
D C H C N P N R R P A C Y C R E M E W E
V D L A E O M G A E O F O B A L A N C E
N Z A S M X I E B C S R S F G I B O U V
F C R Y E V L S D Z E P P H E E I H C O
D Z I S E Z J T S F H C E D Q F L H W L
X U D N O E J E X A O L N C I S I Y X L
F Y E M N M T J T I P P O E T B T T A Q
Y S A J O H I U S R E M F M I M Y I D E
S T L Y I J S S E N D O O G O T Y R W Z
L P I C T U C T U E Y E R C I D A U F P
O E S L U H B I L S O T T L G C E P D H
Y C M X A U B C A S Z K I N D N E S S L
A F V R C R G E V H L M T L H T U R T M
L A I C O S O V M Z U K U C A N D O R Y
T T W I S D O M D H V A D M G U N D M B
Y A Q J Q P R U D E N C E Z G E Q Z C F
```

KINDNESS

LOVE

LOYALTY

MERCY

MODESTY

MORALITY

PATIENCE

PROPER

PRUDENCE

PURITY

QUALITY

RESPECT

SOCIAL

STRENGTH

TRUTH

VALUES

WISDOM

Solution on page 122

## Gardening

APPEARANCE

ATRIUM

BEE

CONSERVATORY

CULTIVATE

DESIGN

DIG

FERTILIZERS

FLOWERS

FOLIAGE

FRUITS

GARDENS

GREENHOUSE

GROWING PLANTS

HARVEST

HERBS

HOBBY

HORTICULTURE

HOSE

INDOOR

LANDSCAPING

LAWNS

NURSERY

ORGANIC

ORNAMENTAL PLANTS

OUTDOORS

PESTS

PLANTING

PLOT

PRODUCE

RESIDENTIAL

ROWS

SEEDS

SHRUBS

SOIL

SPADE

TOOLS

TREES

VEGETABLES

WATERING CAN

WEEDS

YARD

```
B U T S N W C L R V N K E R O O D N I N
E W W R J T I O P Y A Z A T R I U M S P
T O R G R O W I N G P L A N T S X F S F
E S Q K S S I U Q X J S A O C S B R E H
E T H Y D E S I G N Y M E L N J E U H M
I A A P R E R W J U E G W I L Z P I L M
V R R V Q O K U C N A C G N I R E T A W
E T V Y I K T U T I J N Q L O S K S P Z
G K E L J T D A L L I U I D U D N O P E
E P S R V O L O V P U T U O C I L W E X
T D T S Y P F U A R R C H P K A G V A P
A U R B L V T C C E E N I D I G Y P R L
B D M A X O S J F S E S U T D K B Y A O
L E N R Y D O P M E E S N R R C B C N T
E T E P N R I T R Q P E R O S O O S C S
S O I A G R N G D H D E R E C E H P E P
A P L A N T I N G I M A S T W R R E I B
B D N Y M J D H S R O O D T U O D Y J N
G I M W S D E E W N H B D B S S L X M U
C K U J G A R D E N S S S P A D E F K X
```

Solution on page 122

## Very Good

ALTAR BOY

AMENABLE

AMIABLE

BOY SCOUT

CIVIL

COMPASSIONATE

CONSIDERATE

CORDIAL

COURTEOUS

CULTURED

DIPLOMATIC

ELEGANT

ENCOURAGE

ETIQUETTE

FRIEND

GENTLE

GIRL SCOUT

GRATEFUL

GREETING

HONOR STUDENT

KIND

LAWFUL

LIKEABLE

```
W P H E N C O U R A G E L B A N E M A D
G A L M N T H O U G H T F U L I S T E N
R T Q E V O L U N T E E R E L I A B L E
A I L E A E T I O T B P E L U J P M B I
T E L S M S T C H Q R P W B F L T W A R
E N T O Z E E A O I V Y A A T Q G S I F
F T D I E T N C N N Z Z R I C M B U C C
U E T R L K R C O O S X D M E S O P O U
L D G E Y O I U R U I I D A P R Y P S K
U N I O U P P K S E R S D O S E S O X O
F A U P L Q A P T T L T S E E N C R E S
W H U E L J I I U G W B E A R N O T S O
A E D Y Y O N T D O M O A O P A U I C T
L S E B K H M X E V W L R E U M T V V A
I I R E L E G A N T T A E T K S O E N L
V A U C I T E H T A P M Y S H I E C I N
I R T U O C S L R I G V L K I Y L Y Z M
C E L T N E G B J J C O R D I A L I I O
A S U E R W O B E D I E N T Q N R L R B
F A C W V Y H L I U F L N A I G D P A H
```

LISTEN

MANNERS

MILD

NICE

OBEDIENT

PATIENT

PLEASE

POLITE

PRAISE

PRINCIPLED

RAISE HAND

RELIABLE

RESPECTFUL

REWARD

ROLE MODEL

SOCIABLE

SUPPORTIVE

SYMPATHETIC

THANK YOU

THOUGHTFUL

TRUSTWORTHY

VOLUNTEER

Solution on page 122

# Calligraphy

ALPHABET
ANCIENT
ARTIST
ASIAN
BEAUTIFUL
BLACK
CERTIFICATES
CHARACTERS
CHINESE
CREATIVE
DECORATIVE
DELICATE
DESIGNS
DOCUMENTS
DRAWING
ELEGANT
EXPRESSIVE
FANCY LETTERING
FLOURISH
FONTS
GOTHIC
HANDWRITING
HARD

INK BRUSH
INSCRIPTIONS
INVITATIONS
LANGUAGE
LETTERS
MANUSCRIPT
NAMES
NIB
PAPER
PARCHMENT
PENMANSHIP

PRACTICE
ROMAN
SERIF
SKILL
SPECIAL
STYLES
TEXT
TRAINING
TYPOGRAPHY
VISUAL ART
WORDS

```
J F L U F F O N T S T N E M U C O D Y S
E E O G Q I Y T P I R C S U N A M L E L
C T Y P O G R A P H Y E Y Y G E X M A L
N G R D T T R E S A T F T T V G A N T I
S N S J E T H I S N K T X C O N C W O K
J I E T I L R I A D Z N E J A I O Z Y S
H W W S Y U I G C W L E T T E R S P N N
K A T K O L E C K R V M S N D E A O K O
Z R P L I L E J A I M H T S A T I H E I
R D F I E N T S E T A C I F I T R E C T
N G E K H R K S K I E R N F P E E V I A
J N S C B S E B T N C A M I X L P D T T
R I B P O N N T R G W P R P B Y A T C I
J N L F I R N A I U T C R N H C P E A V
V I A H E A A P M M S E S A B N T B R N
E A C B M U T T A N S H R I G A V A P I
V R K O E S N G I S E D H S L F I H B V
O T R A L A U S I V I P L A I C E P S H
Q D E Q H Z T V H B E A U T I F U L L Z
X E V I T A E R C T S E G A U G N A L W
```

Solution on page 122

## Deep in the Forest

BADGER

BEAVER

BIODIVERSITY

BLUE SPRUCE

CAMPING

CHIPMUNK

CONSERVATION

COUGAR

DEER

ECOLOGY

ELK

EVERGREEN

FIRE

FISHING

FOX

GROVE

HABITAT

HICKORY

HUNTING

JUNGLE

LAND

LOGGING

LUMBER

```
W Y U Y V G D E X G U P R N W G A W N C
Y M O X R P T V D N M C A R A B B I T S
X X O U N R H R D I I F G C D N A L C O
L N W K A R V E C P U H U W Z P J D W M
S N O I T E R S Q M E C O L O G Y L S H
A X L L U B A E D A B D C R N T S I U J
T G V F R M I R V C A G C I R F R F C L
R L E U E I N P T E T U T E E E I E R V
C O S B A T F B M H P N E C A S V R E L
K H S M F S O L Y I U S B E H E Y O E D
I N Q K W S R U N H L E S I R A R L R N
V S U F O M E E B K A J N G R T O G I G
S S Q M A Z S S K V J G R A I G K T F P
W K B U P P T P E C S E N P G G C A A R
U U S U I I E R Y J E G R I S D I T O B
Q N B I R R H U S N E P N E Z T H I V M
O K J K X H R C T R E G D A B S N B H K
H T R C O N S E R V A T I O N M I A K R
U P P I F E M E L G N U J A O E U H L A
F D H Y T I S R E V I D O I B W I L E P
```

MEADOW

NATURE

OAK TREE

OWLS

PARK

PATH

PLANTS

PORCUPINE

PRESERVE

RABBITS

RAINFOREST

RANGER

SHRUBS

SKUNK

SQUIRREL

TIMBER

TRAIL

TREES

UNDERBRUSH

WILDLIFE

WOLVES

WOODPECKERS

Solution on page 123

## Candles

ADVENT

AROMATHERAPY

ATMOSPHERE

BEESWAX

BURNING

CANDELABRA

CANDLEHOLDER

CANDLESTICK

CARVED

CHANDELIER

CHRISTMAS

CHURCH

COLORED

DECORATIVE

ELECTRICITY

EXTINGUISH

FIRE

FLAMES

FLICKER

FLOATING CANDLE

FRAGRANCE

GLASS

GLOW

HANUKKAH

HEAT

HOLDERS

JAR

LIGHTING

MATCH

MELT

NIGHT

PARAFFIN

PILLAR

PRAYER

ROMANTIC

SCENTED

SMOKE

SNUFFER

SPECIAL

TALLOW

TAPER

TEA LIGHT

VOTIVE

WARMER

WICK

```
W D R G Q Y D F L I C K E R Y V Y K E T
G E E H O L D E R S A I N P H P Z F R R
B V Y R L T V H T A R R A E M E L Q E E
W R A J O M F G A N G R B M J A R D H F
X A R B F L E Y E R E R F A M T L O P F
T C P H E L O L H H M C A E L O Z G S U
T I E A V O O C T Q A U S N H E O N O N
I S X N I T R A V O T I V E C F D I M S
J Z W U T Y M N T C C L H T E I N T N
A F T K A O N D S I H D A X A X T R A W
U B A K R P A L K R N N H D P R P U E C
B J I A O E I E I A D G V C E A L B X C
M W W H C K U S C E L E C T R I C I T Y
T Z O B E O T T L O N I E A G U K C I W
U W Q E D M L I W T T A F H N Z H P N E
T W I E A S E C W N L F T X A D I C G K
G L A S S R A K A I I I B Y F L L F U I
C P N W N U M M G N N T A L L O W E I V
D X T A M W O H J G Y Q L A I C E P S G
A C D X D R T K N R E M R A W N I G H T
```

Solution on page 123

## Fun Toys

ACTION FIGURES

BICYCLE

BIRTHDAY

BLOCKS

BOAT

BUILD

CAR

CREATIVE

DOLLS

DOMINOES

ELECTRONIC

FUN

GIFT

HELICOPTERS

HOLIDAY

HULA HOOP

IPAD

IPOD

JACKS

KIDS

LEARN

LEGO

LIGHTS

```
F M F T P Z D B U S Q U I R T G U N S S
H X A S O Q M M E J A C K S S N X B U E
B M L R T H F S Z S N R D N E T E R P R
I X E C B O A T K I D S O I M S S U E U
C S W Y L L B S D C E M P A A R C M R G
Y T A A S I E O O J O S I R G E O O S I
C H R D L T M S R C I L Z T O T O X O F
L G C I I I E V G L K A B X E P T E A N
E I Q L N P E L L O Y M Q C D O E S K O
E L R O K A M Y B A L I O Q I C R P E I
Y S E H Y D P D D A V N Y N V I Q E R T
Y S U C N U B H V C T A L H K L Y A M C
B T E U T A T G P R P H O O J E P K R A
R E F T W R W O O A C S P Q C H Y E L V
O P Y I I T O L V T S U O M N N A R E T
B P D B G H Z N A R W L N J Y T I S G Y
N U L C A R R W I Y I P O D I S L L O D
U P I L V A Y R K C D D M V T G C B K B
A H U L E P A A D P P R E S E N T K A L
F H B L S C R A B B L E B C R T E I G H
```

LINCOLN LOGS

MARBLES

MONOPOLY

PLUSH ANIMALS

PRESENT

PRETEND

PUPPETS

REMOTE CONTROL

RIDE

ROBOTS

SCOOTER

SCRABBLE

SILLY PUTTY

SLINKY

SOCK MONKEY

SPEAKERS

SPY WATCH

SQUIRT GUNS

SUPER SOAKER

TABLET

TRAINS

VIDEO GAMES

Solution on page 123

## Bonsai Cultivation

AESTHETICS

AGE

ART FORM

ARTISTIC

ASYMMETRY

BARK

BEAUTIFUL

CARE

CHINESE

CONTAINER

FORMS

GARDEN

GRAFTING

GREEN

GROWTH

HISTORY

HOBBY

INDOOR

JAPANESE

JUNIPER

LANDSCAPES

LEAVES

NURSERY

OLD

OUTDOOR

PENJING

PERENNIAL

PINE

PLANTING

POTTED

PROPORTION

PRUNING

SAMURAI

SHAPING

SHRUB

SMALL TREE

SOIL

STYLES

TECHNIQUES

TOOLS

TREES

TRIMMING

WATER

WIRING

ZEN

```
C L J D H T C E W J V R E I G O K S Y U
K P G L P P R U N I N G C N S B L Y U L
X Y Y O F V T S B M C O I N Z O W D B L
K D P C Y Y C L O N X P I E O J H S E N
P S S P O E W T S M A L L T R E E R E Z
N M C I L R V V S H R U B I R U O P S E
F R R I D A T Z S G P L C O Q O O E C S
V O G G T C N Q P G U I Y I D T P W K E
F F W A Y E P T L F J J N T T A G O F N
C A I R N C H E I G O H U E C S N E R A
Z H R D O S O T R N C O D S D Y I H T P
L E I E A O U N S E G H D H B M T T Y A
B G N N G A D R T E N N V B F M F W R J
A R G C E P R N C A A N O I Y E A O O A
R E E B Q S E T I L I H I R A T R R T F
K E L P E G E N F N B N E A A R G G S T
A N T V I I W V J O J S E S L Y U J I R
P S A A G N I M M I R T T R O O F M H E
S E K I W N U V E U N M V X G I L I A E
L Y B M I E M J N E B G K R S E L Y T S
```

Solution on page 123

# Time Passes

ALARM

APRIL

ATOMIC

AUGUST

BEAT

BIG BEN

CENTURY

CHRONOMETER

DAY

DECADE

DECEMBER

DIGITAL

ELECTRIC

FALL

FEBRUARY

FINANCIAL YEAR

FORTNIGHT

GENERATION

GRANDFATHER

HANDS

HOURS

JANUARY

JULY

JUNE

LEAP YEAR

MAY

MILLENNIUM

MINUTES

MOMENT

MONTH

NOVEMBER

OCTOBER

PRECISION

SEASON

SECONDS

SEPTEMBER

SOLAR YEAR

STRIKE

SUMMER

SUNDIAL

TIMER

TOWER

WALL

WATER

WEEK

```
F F A L L V O F Z E S D A Y A M S B E F
L A I D N U S Q S R D J E M O N T H V L
S H I N O I T A R E N E G C W U R Z F N
E N U J A N U A R Y A T C H A K I A C O
L D V D P N D W E M H Q L R L D K V D I
T I M E R J C M H E S T O O L B E K H S
O T P Z I J M I T T H G I N T R O F O I
T X J U L Y Q L A D H R C O E T H L U C
I Q S Y F O G L F L Z H A M A B A T R E
F A D Y J B I E D T Y Z H E B R G I S R
K E N R T E L N N G T E B T Y C Q I A P
M K O U H I O N A M N M A E I P M F B J
R K C T I T F I R Z R Z A R L R A A R B
I W E N N D T U G E S R T K E P B E O W
L L S E P T E M B E R C O M O B B X L S
M B M C S B R M T F E E M R J M O E K E
J O U U G A E U I L W U I R E W O T G A
M G G R L V N E E E S E C C N T E I C S
B U M A O I H M T B J F E B R U A R Y O
A D L N M L A T I G I D E K W W F W S N
```

Solution on page 123

# Numismatics

ALBUMS

ANCIENT

ANTIQUE

BOOKS

CATALOG

CENT

CIRCULATED

COINS

CONDITION

COPPER

COUNTRY

CURRENCY

DATE

DEALER

EAGLE

FOREIGN

GRADING

GUIDE

HISTORY

HOARD

HOBBY

INVESTMENT

LEGAL TENDER

METAL

MINT

MONEY

NUMISMATICS

OLD

PENNIES

PERIOD

PRECIOUS

PRICE

QUARTER

RARE

SILVER

SUBJECT

TOKENS

TRADING

TYPE

VALUE

VARIETY

YEAR

```
T B I M R B D O Z X O F J M M L U J Q H
Y S J Q X Q T P O T G U M D R D A E W Z
W X D Z I B J R E T R A U Q K G N L Q K
E D L E L X I R O N P X V A R I E T Y K
K X T E U T E R C I N J E C V G W J O C
S E O C H T N G N U M I S M A T I C S E
I J M O O B W V W H R I E L L B J H B N
L J J R R U E K D O D R T S U B J E C T
V G X J L S N E H A P E E Y E I A P I I
E U Q I T N A T P R N E T N R N R Y C E
R W Y M Z L S F R D J P R A C O Y T E P
N S E S E C R T E Y G Y B I L Y T T N J
H N A R Z O O R C N B C E G O U A S O V
T I R W T P W M I B U N S N J D C S I B
O O B B G P L D O X T D M I G A M R T H
K C E Z R E A H U I G S U D T I A Y I X
E R T A E R T O S U Q K B A U N E H D C
N L R H G O E L I Z K O L R Z N I R N U
S E H C C L M D G U T O A T O F M M O D
G C P R I C E Q A F G B V M J C O C C F
```

Solution on page 123

## Oil Painting

```
I  S  B  J  M  Y  I  G  X  W  N  C  B  L  E  N  D  U  X  N
U  T  A  J  N  Q  P  L  B  N  D  S  O  K  X  B  J  V  R  X
T  I  S  T  B  G  M  D  R  O  A  A  O  I  D  U  T  S  F  E
A  R  E  Q  O  I  L  E  O  N  A  R  D  O  M  U  E  S  U  M
L  I  A  P  C  O  D  W  A  L  T  L  I  A  T  E  D  A  Y  A
V  P  O  S  A  O  C  O  I  S  A  K  H  O  V  F  I  V  C  R
F  S  K  B  M  C  I  N  W  A  L  N  U  T  O  I  L  N  J  F
M  L  V  T  L  L  S  L  H  I  S  T  O  R  Y  L  N  A  I  P
H  A  A  T  J  E  O  D  P  S  I  D  G  I  N  L  V  C  A  C
K  R  N  Y  E  S  C  E  N  A  R  M  E  N  T  L  B  L  I  O
K  E  G  D  S  R  P  N  R  A  I  O  M  Z  I  I  E  B  G  T
V  N  O  E  A  O  M  T  A  X  L  N  I  V  U  T  D  O  A  Z
P  I  G  L  R  L  R  S  N  S  Y  A  T  E  T  S  N  A  N  T
L  M  H  U  E  O  T  U  B  E  S  L  V  E  R  R  J  I  R  P
E  E  E  F  P  C  G  S  E  U  Q  I  N  H  C  E  T  Z  A  T
S  D  I  R  M  A  R  T  I  S  T  S  A  I  K  K  Y  D  E  P
A  I  S  K  E  T  C  H  L  A  V  A  R  N  I  S  H  A  U  F
E  U  U  M  T  P  K  Z  E  B  R  U  S  H  E  S  Y  T  L  Y
X  M  S  O  A  S  A  R  V  R  F  R  E  M  B  R  A  N  D  T
F  R  S  Q  Z  W  C  P  G  T  C  O  J  D  D  S  N  O  Z  N
```

ARTISTS

BASE

BLEND

BRUSHES

CANVAS

COLORS

CREATIVE

DA VINCI

DETAIL

DRY

EASEL

EUROPE

FRAME

GESSO

HISTORY

LANDSCAPE

LAYER

LEONARDO

LINSEED OIL

MEDIUM

MINERAL SPIRITS

MODERN

MONA LISA

MUSEUM

OIL PAINT

OLD

PAINTING

PALETTE

PAPER

PORTRAIT

REMBRANDT

RENAISSANCE

SKETCH

STILL LIFE

STROKE

STUDIO

TECHNIQUES

TEMPERA

TIME

TRADITIONAL

TUBES

VAN GOGH

VARNISH

WALNUT OIL

WOOD

Solution on page 124

## Fun with Kids

BASEBALL

BEACH

BIKES

BUBBLES

CHASE

CLIMB

COMIC BOOKS

CRAFT

CREATE

DADDY

DIRT

DOLLS

```
W D R C O K Y A H P H X G N B W B W F A
J N F Q I K Q G W W V D Z L K E U H L H
J R G Q G X F C Q T N W Q C F E A M X E
S L I Y H Z W S P B L Z G R T E H C R P
G H R I Q E K Z M O M M Y A D I L O H B
T A T S U O M O Y Y D T E F D N L L Z R
S M T Y A J Q A U R I R O T X P V Z Z W
I P R X S P L X A T C Z N Y X H L J L K
K A J U M P J W H I S T L E S L R L N L
Y H P Z G U I V H I D I N G L V A C I F
X W N W M N B C Y D D A D A E B W O R G
X B I R G M I L N P K O B E E N O M N M
C R E G W L K M T I U K I S P P K I T E
T R E C X S E W M N C S A Z O O D C E B
B O Q Q L S S C D I E B S I V N I B V G
L Z R L A I E U K L W M I E E W R O L Y
X B O H G D M Z B N W S W T R R T O D U
N D C P I N E B V W U B E O R D N K V Y
W M E L Z Z U P W Y K R A P N E M S A E
P A S D H B W F X O P I K S J S E I D V
```

DRAW

DRESS UP

EXPLORE

FUN

GROW

HIDING

HOLIDAY

JUMP

KICKBALL

KITE

MOMMY

MUD

OUTSIDE

PARK

PICNIC

PLAY

PRETENDING

PUZZLE

RUN

SKIP

SLEEPOVER

SLIDE

SNOWMEN

SWIMMING

TOYS

TREE

WHISTLES

ZOO

Solution on page 124

## Greeting Card

ADDRESS

ANNOUNCEMENT

ART

BABY

BIRTH

BLANK

CELEBRATION

CHRISTMAS

COMMUNICATION

DECORATION

DESIGN

EASTER

ELECTRONIC

EMOTION

ENVELOPE

EVENT

EXPRESSION

FRIENDS

FUNNY

GET WELL

GIFT

GLITTER

GRADUATION

```
P C L A I C E P S M A M N O I T O M E T
C H G W L L P E Z X U O E S I C W B O D
I L O D B S A M T S I R H C O Q P V E K
E I G T Q S R U I T U Y S M N H M T X N
G G L D O E W C A T N L M O O A A F P D
Y A A N T E A R C N D U I R I R T I R N
T R A S D L B I U Y N T F N T E S G E P
M L A D S E P F S I A O D S A N C Y S J
C E I N L E K G C U Y U U M R G S E S R
C N D E Q A M A D A S L D N O I O N I Y
G B C I C K T A H T L B R O C S C I O B
O F B R O I R B R I I N O U E E E T N A
K G V F O G N Y L G G D M R D D M N G B
A D K N A L B O L H A N U K K A H E K I
M D H F H M L I R L N T H A N K S L N R
P A D O D Y T A E T A P E R S O N A L T
E J I R N T S F M N C L W A R E C V R H
X T L L E W T E G S J E G R V V V Z M T
P X O R S S F I E N V E L O P E V E N T
E F O N O I S A C C O R L E C J L L A F
```

| | |
|---|---|
| HANUKKAH | PHOTO |
| HUMOR | PICTURE |
| ILLUSTRATED | SEASONAL |
| INDUSTRY | SEND |
| LOVE | SIGNATURE |
| MAIL | SMALL |
| MESSAGE | SPECIAL |
| MUSICAL | STAMP |
| NOTE | THANKS |
| OCCASION | VALENTINE |
| PERSONAL | WEDDING |

Solution on page 124

## Easy Jog

AEROBIC

ATHLETIC

BREATHE

CARDIO

CRAMP

DASH

DOG

ENERGY

EXERT

FITNESS

FORM

FRESH AIR

```
J V E B L O F E W A R M Q F O M W Q E J
H H C M G F M O E C N E T E G B F N H L
T F E A H D L F M O R N I N G T E D U A
T B X Z M S P R I R V C I B O R E A K S
K G U Z H K H Q T P O N A O G E O K A T
A J D U E C P O P A I F D Y T X L A G N
B K H C L O B R E A T H E E O E L G O Q
M B L A F S A R R S W A T E R E Y H D A
S Y P U O N U T E D I R T S I I T S D B
K S T R E T C H H N X B I S N A T R P O
G S Z K S F O U S L U D U O R P R T O G
W S X O H V H M A Y E R I A H S E R F T
A H P P O T U Z D W E T M L S P A A I S
D A O R A S W V A L A S I T A L D E T Z
O K Z P I R R L Y E W X E C V P M H N T
W Y P C M N K S R E K A E N S P I W E W
N D I M Q V T C A R D I O G L O L R S V
S Y N X A G E T N Y Q Z E Q B E L Z S W
X F Q R K R O U T E D L W H I G Y L G Y
O U W X A D C T I I Z A U I E D U P S Y
```

| HEART | RECREATION | STRETCH |
|---|---|---|
| LAPS | ROAD | STRIDE |
| LEGS | ROUTE | SWEAT |
| LEISURELY | RUN | TIME |
| MARATHON | SHOES | TIRED |
| MORNING | SIDEWALK | TRAINING |
| MUSIC | SLOW | TREADMILL |
| PACE | SNEAKERS | TROT |
| PARK | SOCKS | WARM |
| PATH | SPRINT | WATER |
| POSTURE | STEADY | |

Solution on page 124

## Buddhism

ASHOKA

ASIA

BELIEFS

BODHISATTVA

BUDDHISTS

CEREMONIES

CHINESE

DALAI LAMA

DEVOTION

DHARMA

DUKKHA

EASTERN

EIGHTFOLD PATH

ENLIGHTENMENT

FOLLOWERS

FOUR NOBLE TRUTHS

GOD

INDIAN

KARMA

MAHAYANA

MEDITATION

MIDDLE PATH

MONKS

```
J A S H O K A K V T A N T R A H O N P K
S N Z T S F O L L O W E R S F E I L E B
U I J R W N O I G I L E R E N R J P E N
F R A I Y P L U F E C A E P T E M P L E
F V T B H T H E R A V A D A V S H T S V
E A D E V O T I O N E Z S A M S A R A P
R N A R H T A P D L O F T H G I E E R C
I A L V S S O E S Q R B G S T E N E T E
N M U I T P T H T A P E L D D I M S U R
G A E V G T I A X A S E S E N I H C S E
X S I D D H A R T H A G A U T A M A L M
Y I Z X I A T S I U N M N M S R N O S O
X A W D F T E E I T E T A I R O U Z V N
A N A Y A H A M N H U X L L H A R T E I
B U D D H I S T S M D A B N I C H P H E
Y G A R K T E B I T E O L P R A A D F S
E X G H K A R M A O H N B I M L L E T K
N A U O U V N A I D N I T L T K U A T N
V J Q H D I P H I L O S O P H Y H T D O
W Q D J G P O Y C M N Z C S N L H D S M
```

NEPAL

NIRVANA

PEACEFUL

PHILOSOPHY

REBIRTH

RELIGION

SAMSARA

SIDDHARTHA GAUTAMA

SPIRITUALITY

STATUE

SUFFERING

SUTRAS

TANTRA

TEACHINGS

TEMPLE

TENETS

THERAVADA

TIBET

ZEN

Solution on page 124

## Bird Watching

AUDUBON

BINOCULARS

BOBWHITE

BUZZARD

CANARY

CARDINAL

CHICKADEE

COCKATOO

CONDOR

CORMORANT

DUCK

FALCON

FEEDER

FIELD GUIDE

FINCH

GOOSE

GULL

HUMMINGBIRD

LOON

LOVEBIRD

MALLARD

MIGRATION

MOCKINGBIRD

NIGHTINGALE

OBSERVATION

ORIOLE

ORNITHOLOGY

OSPREY

OSTRICH

PARROT

PARTRIDGE

PELICAN

PENGUIN

ROADRUNNER

SPARROW

SWALLOW

TURKEY

WARBLER

WOODPECKER

```
X C H M G T M R M Z J Q N W C A S X R M
N J O G K O R I N A H L G T H L V P E T
L Y E R D H O W Z A L E B U Z Z A R D S
P B L M M V P S U P C L O X M R P M E L
E T O M Q O E I E Q D I A M T F U Y E S
N O I T A V R E S B O R L R I F E O F P
G R R J N S D A L L O K I E D R M C I A
U R O A P A R Q N A V D L B P O J A N R
I A R T K V G A D T G D A S C Q R N C R
N P W C R L T R L E G N O K M R F A H O
H H I L T A U V H U M M I N G B I R D W
K H O O F N R B I O C N N T B A Y Y U O
C B S V N I K D H Y G O L O H T I N R O
U R T E C D E R F B B I N S O G U K O D
D E R B U R Y A I U I T W I Y L I T D P
X X I I I A L R D L E A L Z B G A N N E
G D C R K C D U V E L R T P J K B Y O C
A U H D O I A G Y L O G E R C H B E C K
S S L N Y V M G O N P I B O B W H I T E
Q R E L B R A W K Q V M C E E T Z Z S R
```

Solution on page 124

## Pottery

ANCIENT

ARCHAEOLOGY

ARTS

BARN

BOWLS

BURNISHING

CERAMICS

CHINA

CLAY

CRAFT

CREATE

CUPS

DECORATIVE

DESIGNS

EARTHENWARE

FIRING

GLAZING

HARD

HEAT

JIGGER

KILNS

MOLD

OVEN

PAINTING

PLATE

POLISH

PORCELAIN

POTTER'S WHEEL

SHAPING

SKILL

STONEWARE

THROWING

TILE

TOOLS

VASES

WATER

```
G X B V D Y O T F C R Q T A M F H X V W
K F I R I N G G J M D K I L N S K I L L
Q B Q P Y P E N X W W S O E I K H A D U
Z O N R H N B W I C W N D L O M Y N S W
L T X V H B S U F P U B O C Q L C Q A P
F U J W G N I T N I A P I R M M N E B A
P C Y O V N Q D C I Q H S D P K A I R H
I Q C Q Q G E E E Z A V S L O R H C O B
K E V A W L R C K Y X L A E T M H R U J
T Z S E S A V O Y U D T E H T A O R W L
A N I A M Z D R A H E E E C E A N D M N
Y G M I R I Y A L C J N R O R I E V A S
B L C R B N E T M I W I L A S O H R N W
T S B F E G E I A A Q O G H W L P G C S
I D W T I T H V R E G Q I G H E I C I L
T Z T C W N A E O Y H N D U E S N C E Z
B X C T H R O W I N G M L P E R A O N W
D H P E C I T Z I N K Q U D L R R L T Z
Y R X B A R N N N A B E L I T B O W L S
H S L Y G C R A F T O O L S F B I J M D
```

Solution on page 125

# Herbal Medicine

```
L A J H K G E Z C J X T H T N P N O S S
G H L W L G E M Y H T R S T U D I E S S
T K F P A Y E G S R T O J U I C E V S S
T R K S N O I T A L U G E R B S R C E H
B Z I R F O C D H R J F X G A D A I I E
N A M U H A I P C E F L S N E R N N D L
A B N F R T T E A E R E Y I E F D R E L
N G A T I C S N C B S A R T U I U Z M S
I T X O O D O T E A L D P S G G F C E V
M E N M K D I M E V D Z I E S B W H R S
A A W F H V N S P G L O N V U N E E R G
L E O X E K I I R O N O C R M T L M O R
P L R F R D R L K S U H S A E N I I O V
K I G O B E X A T S O N S H R T M C T F
I T N Q O V S B B P V T D X I A O A S Q
R C D P L I E R P X H E V S A F M L R H
M J I Z O R E E T A N C I E N T A P A I
Y L G V G E D H E A L T H N S X H N J D
P R B U Y D E L I O B S E R U T C N I T
M O W L Q D I I S C V N M W M W T P M O
```

ANCIENT

ANIMAL

BARK

BOILED

CARE

CHAMOMILE

CHEMICAL

CHOPPED

COMPOUNDS

DERIVED

DISEASES

DRIED

DRUGS

EFFECTIVE

EXTRACTS

FOLK

FUNGI

GREEN

GROWN

HARVESTING

HEALTH

HERBALISM

HERBOLOGY

HUMAN

INDIGENOUS

INFUSIONS

JARS

JUICE

REGULATIONS

REMEDIES

ROOTS

SAGE

SEED

SHELLS

SKIN

SOLVENT

SOURCES

STUDIES

SUMERIANS

TEA

THERAPEUTIC

THYME

TINCTURES

TISANES

TRADITIONAL

Solution on page 125

## Spring Break

ADVENTURE

AIRFARE

BARS

BATHING SUIT

BEACH TOWEL

BIKINI

BONFIRES

BOYS

CABO SAN LUCAS

CLUBS

CRAZY

DANCING

DAYTONA

FLORIDA

FRIENDS

FUN

GIRLS

HOTEL

LUGGAGE

MEXICO

MUSIC

OCEAN

PARTYING

PLANE TICKET

PLAYING

POOL

RELAXING

RESORT

ROAD TRIP

ROMANCE

SANDALS

SUNBURN

SUNGLASSES

SUNSCREEN

SUNSHINE

SWIMMING

SWIMSUITS

TAN

TEENAGERS

TRAVEL

VACATION

VOLLEYBALL

```
Q O I V H S X M X X O C Q C S S R T G U
G R J L T K P T A U N S Y O B I K I N I
M I O D K S T E K C I T E N A L P U V R
G G R M U S I C S W V A C A T I O N R E
W W S L A D N A S M W H H A H I A O L S
M C E U S N E E R C S N U S I O Z C W O
A T Y Z A R C G O D A N C I N G Y I K R
E D V R L G N E A L H V E Z G Y M X L T
G N I M M I W S D O O O X J S S O E P I
V O J R Y E R U T N E V D A U G W M D R
M C S T O L K E R X R J C I I O Z X O S
I E R J B L L N I V F U T D T R G G U S
C A E L S D F A P W L S S H P N E N A F
P N G U B S R A B N S U C E I G B I I R
K D A G U S N U A Y N A C Y I U R X R I
S U N G L A S S E S E K A Q R E P A F E
R F E A C Q O R H B U L F N Y Q A L A N
E K E G T B Q I N Z P V L U Q Y H E R D
C E T E A A N O T Y A D B O N F I R E S
Q T F C B E N F C M G T R A V E L O O P
```

Solution on page 125

## Grandparents

AGE

ALIVE

ANCESTOR

BABYSITTERS

BAKING

CARE

COOKIES

CULTURE

ELDERLY

EXPERIENCED

FAMILY

FISHING

FUN

GAMES

GENEALOGY

GIVING

GRANDMA

HAPPY

HUGS

INSPIRATIONAL

JOY

KINSPERSON

KNOWLEDGEABLE

LEARN

LOVE

MATERNAL

MEMORIES

MENTOR

NANNY

NURTURE

PATERNAL

PATIENT

PICTURES

RELATIVE

RESPECT

SMILES

SPOIL

STORIES

SUPPORT

TEACH

TRADITIONS

VACATION

WARM

WISE

WRINKLED

```
P A N U L G R F E B K A A G G S D V E G
E Q S T N E I T A P Q D S U P P O R T W
W X O I S S V S E X P E R I E N C E D G
A J V P H D K O M H G K E E N Z E C A O
D I E I H R N W L I I E T G L B R O Q U
G C N C D U O X Q N L E T A Y A U O H D
T G A T F E W T S I T E I U Q K T K F W
U E P U R I L P N H Q N S R G I L I C I
T U A R H A E K H E S S Y O E N U E V S
N S T E S R D U N P M H B T X G C S K E
R U E S S B G I I I N U A S E I R O T S
E L R O P S E R T V R L B E L D E R L Y
T F N T N R A E L I I W N C J S X L H U
E W A O U T B D Y V O L A N R E T A M S
N Z L M I R L V E G E N E A L O G Y X E
C A V O I T E U M R A W S E I R O M E M
X V N C K L A M D N A R G P J J D O U A
H A E N L G Y C F O W C I F O B H E O G
L C G R Y I M H A P P Y V V E I F M I P
G I M C C P V F U V M Y L O V J L Z J G
```

Solution on page 125

## Tropical Getaways

ANTIGUA

ARUBA

BAHAMAS

BALI

BARBADOS

BEACHES

BERMUDA

BIKINI

BORA BORA

CARIBBEAN

COCONUTS

COSTA RICA

CUBA

EASYGOING

ESCAPE

EXOTIC

FIJI

GETAWAY

HAWAII

HIBISCUS

HIKING

HULA

ISLAND

```
M A L D I V E S T T H O M A S S U V V I
R E Q J T G M E X I C O H U U O U G E H
N C S T S O D A B R A B I C T L T L S I
T H A I L A N D G N R T S J O B A J C S
O I L U D N A L S I I I S U A E U T A R
U K U S G A N Y S R B E N R R A N M P S
R I H M G N R F U I B G O A E C A E E R
I N S I O M I A H Z E B R R L H V D E V
S G U W C J M E P F A A K U A E Q S A C
M P N S I O H X E R N L E B X S O C B W
C A S I R K K I O S Z I L A A R A P I P
U L C H O L V B N S T I I L T T D R H I
H M R I T B Q U I I T H N S I C U B A D
P T E G R R B Z P R K U G O O C M A M L
J R E S E A S I D E D I N I N G R U X C
X E N V U T T R A V E L B O S S E G M X
W E M M P E A S Y G O I N G C Z B I F Q
J S H M B P J W O I L A C I P O R T A F
T V A R J K P T A C I T O X E B C N U S
A Q S F T Q D K J Y F U R I I A W A H V
```

LEI

LOUNGE

MALDIVES

MAURITIUS

MEXICO

PALM TREES

PARADISE

PUERTO RICO

RELAXATION

RESORTS

SEASIDE DINING

SIGHTSEEING

SNORKELING

ST. THOMAS

SUNSCREEN

SWIMSUIT

THAILAND

TOURISM

TRAVEL

TROPICAL

VACATION

VANUATU

Solution on page 125

# Opera

ARIAS

AUDIENCE

BALLET

BASS

BEL CANTO

CARMEN

CLASSICAL MUSIC

COMPOSERS

CONCERT

CONTRALTO

COSTUMES

DON GIOVANNI

ENTERTAINMENT

FAUST

FRENCH

HALL

ITALIAN

LA TRAVIATA

LIBRETTO

MARIA CALLAS

MEZZO

MUSICIANS

ORCHESTRA

PAVAROTTI

PERFORMANCE

PLAY

PUCCINI

SCENERY

SCORE

SINGERS

SINGING

SONGS

SOPRANO

STAGE

STORY

STRAUSS

STRAVINSKY

TENORS

THE MET

TRADITION

TRAGEDY

VERDI

VIRTUOSO

WAGNER

WESTERN

```
F Z E B L B Y L E D T S E M U T S O C U
Q I B E I D R E V Y T O S O U T R I V T
W A G N E R F H K E L K A U D I E N C E
Y R T G I M U S I C I A N S F R S O S N
O R T A L C O N C E R T E M E H T O R O
O R E X I I T C A H S Y V U L B P C G R
T A E L V B S A L L A C A I R A M H E S
S D K A L G R U L K Q Y M L M S O E C S
I I R I N A X E M E Z Z O G P S C S N E
T T W O N U B Y T L A T R A V I A T A K
S I S I E N T E R T A I N M E N T R M F
U O L B S O A C Y E O C Y T V U H A R Z
A N I C T N S V O I N N I S T A G E O R
F P T G R A C R O N S E M S L O N T F X
T P A V A R O T T I T I C L S C N Z R F
A A L C U P R Z N C G R N S H A W R E I
O U I S S O E G F C N N A G C Z L Z P U
Y G A M S S E Y J U O I O L I G A C E B
Z R N E M R A C V P R Z E D T N B C C X
F P W E S T E R N A G B B Q F O G C S F
```

Solution on page 125

## Around Home

BATHROOM

BATHTUB

BENCH

CABINET

CHAIRS

CHIMNEY

CONCRETE

CURTAINS

DECOR

DOORS

DRIVEWAY

DRYWALL

FIREPLACE

FLOORING

FLOWERS

FURNITURE

HALL

HAMMER

INSULATION

INTERIORS

LADDER

LIGHTS

LOVESEAT

```
B P H X H D Y A R L H W I R I N G N G T
D Z L D W G G E Z Q I I N T E R I O R S
V G V O I L W T C N E C A L P E R I F D
O R M O D O O S D L V Y G M L P I T J V
R U W R H V R O H D S E N I Z A G A M E
L L U S J E W Z G I E O P R H R H L L R
J P T V V S T C U D N C L R U L O U L U
G Q L L S E N B R A B G O O F O G S R T
S O H L N A U I I P A Z L R J R L N D I
K I G I F T V P A W T E L E V I S I O N
J D B X H E P D O T H N E W S P A P E R
D A B T W M R O D S R H V R R A Z L L U
C R A A L A D D E R O U A E E I H U B F
G B Y Q E T E R C N O C C M W N P M A L
P A G W L G U C O H M L L M O T R B T O
W U K I A T B H Y W I I Y A L I F I A O
I W U O C L C A K N G M C H F N F N C R
R Q S I H N L I E H S I N K G G B G L I
I S P Q E P N R T P M P S E V O T S D N
L E V B G E X S H E L F E V Y W J I K G
```

MAGAZINES

MIRROR

NEWSPAPER

PAINTING

PARLOR

PIANO

PICTURES

PLUMBING

QUILT

RADIO

RECLINER

RUG

SHELF

SHINGLES

SHOWER

SINK

STOVES

TABLE

TELEVISION

WINDOWS

WIRING

WOOD

Solution on page 126

## Happy Hour

AFTERNOON

ALCOHOL

APPETIZERS

BAR

BEER

BEVERAGES

BUFFET

CHEAP

COCKTAIL

COLLEAGUES

DAIQUIRI

DISCOUNT

DRAFT

DRINKS

ENTERTAINMENT

FOUNTAIN

FRIENDS

FUN

GATHERING

HALF

KAHLUA

LIME

LOUNGES

MARGARITA

MARTINI

MEETING

MUSIC

PRETZELS

PROMOTIONS

RELAX

RESTAURANT

RUM

SALE

SERVERS

SHOTS

SNACKS

SOCIAL

SPECIALS

TEQUILA

TIPS

TOAST

VODKA

WELL

WINE

```
M Q I K G H M R B X G I A E F H C S U G
P C A I J O J A O U X A L E R U I N L F
M J T Z A L C S R S L A I C E P S A A F
A H L N E A P P E T I Z E R S E U C I S
W W A S U Z M E E T I N G N T P M K C X
K J C D N O D R A F T N I Q A B I S O E
K S O H V O C M U E E N I W U P E T S V
M P L S O V I S R M S N Q T R G S L D L
P S L K D C S T I R I U Q I A D E O N C
G X E I K N A O O D J F N R N Z G H E Y
N O A I A I L A E M V O E S T T N O I U
I L G T N T E S J J O V E E E H U C R C
R L U M I X K T E N E R R D Q U O L F R
E C E P L R R C R B V P P A U Q L A B S
H N S Y D M A E O E V T U W I I W T J Y
T I H X K R T G R C O L K H L R E E B F
A S O G X F I S R C H E A P A F W M L P
G Y T R A B B N I A T N U O F L C I P L
J C S W Y X T J K Q M M O U S K F L B U
Y P P D Q F Q U L S M B B J Q V M P G W
```

Solution on page 126

## Books

ART

AUTHORS

BIBLIOPHILE

BINDING

BOOKMARK

BOOKSTORE

BOUND

CHAPTERS

CLASSIFICATION

COLLECTION

COMPUTER

DICTIONARY

EDIT

EDUCATION

ENTERTAINMENT

FICTION

GENRES

HARDBACK

HARDCOVER

HISTORY

INFORMATION

JOURNALS

LANGUAGE

```
C U S T O R I E S E R N E G Y M Q G I U
H H P A R G O N O M J P E R O M A N C E
C C K N P A P E R B A C K R A M K O O B
Y V C O R Q D W R I T I N G X X W I M X
I G A I T I B S R E F E R E N C E E P Y
P T B T T M S P N O I T C E L L O C U E
M E D C W S M A D E O F P A P E R B T G
S W R I C R O P E N I P S O Z S O A E A
C T A F C E Q E A L C S G G A U U M R U
F D H E N T E R T A I N M E N T I H E G
Y M N B G P I S M F I H D D H N I C S N
S K C O N A E O I T H U P O F S N M E A
L R R O I H N C N A C B R O T E S A A L
E E E K D C A I R A X S R O I D J G R I
V H A S N T R D T F R M R C H L K A C B
O H D T I P C I J T A Y S N B T B Z H R
N T I O B O O L I T E R A T U R E I S A
K Q N R V N P R I N T E R S E A Y N B R
P A G E S Y R O T S T R O H S T X E T Y
D D R S L A N R U O J S E V L E H S Z G
```

LIBRARY

LITERATURE

MADE OF PAPER

MAGAZINES

MONOGRAPH

NEWSPAPERS

NOVELS

PAGES

PAPERBACK

PRINTERS

PRINTING

READING

REFERENCE

RESEARCH

ROMANCE

SCIENCE

SHELVES

SHORT STORY

SPINE

STORIES

TEXT

WRITING

Solution on page 126

## Morning Routine

ALARM

AWAKE

BIRDS

BREAKFAST

BRISK

BRUNCH

BRUSH TEETH

BUSY

CARTOONS

CEREAL

CHILLY

CHIRPING

COFFEE

CROWING

DAWN

DAYBREAK

DAYLIGHT

DEW

DRIVING

EARLY

FRESH

GET READY

JOG

```
M Y Q C L M D Z J O G B S I D Q U P T W
Z V L J S H H R U V E G D T R A F F I C
I Y S U B C C B I H Z E A O C M W E G R
Z A N D F T Y E C V B J Y X I U T N N O
B N N K E E O G E E I R L V L D S W M W
Y B G T Z R C I K U J N I O E N A E H I
E L A O E T O A A Y G F G S O Y F R H N
B K O A Q S M Z E R G C H O K V K D H G
E N P S J L W P A P E R T I B C A T E I
S A X T W M K G C H I R P I N G E T F W
D M Z B K A E R B Y A D N W F E R P E S
R J R Z H T P A N C A K E S T E B E I L
I S D F F C V E K A W A F H A L H L Y E
B Z H N F H N S C B L H S D G O E S Q E
S G H Y N I C U E A F U Y O U N H R E P
S C H O O L L T R R R E E R T O N E W Y
W J C S Y L K M E B U V S D W R F V W L
B L E Z X Y M S A I A W L E W F A O D R
X N O H F N H Y L M U R R W O T R T X A
X B B W V O O O Y N H Q V C F K P S S E
```

JUICE

MAKE BED

NEW

OVERSLEPT

PANCAKES

PAPER

PEACEFUL

QUIET

RADIO

SCHOOL

SHOWER

SILENT

SLEEPY

SNOOZE

START

STRETCH

SUNNY

TOAST

TRAFFIC

WEE HOURS

WORK

YAWN

Solution on page 126

## At the Beach

BONDI BEACH

CALIFORNIA

CLAMS

COBBLE

CORALLINE ALGAE

CRABS

CURRENTS

DUNES

FLORIDA

FORMATION

GEOGRAPHY

GEOLOGICAL
   LANDFORM

GRAVEL

HAWAII

LAKE

LIFEGUARD

MARINE

OCEAN

PEBBLES

PIER

PLAY

READING

RECREATION

REEFS

RESORT

ROCKS

SALTATION

SANDY

SEASHORE

SEDIMENTS

SHELL

SHORELINE

SUMMER

SUNSET

SURFING

SWIMMING

SWIMSUIT

TAN

TIDE

VOLLEYBALL

WARM

WATER

WAVES

```
S L Q U C A O Q S E W Q C R U T M D T G
B M W R G S F O R M A T I O N R E E F S
U D A Y M S E M A R I N E S L M S Q C I
J B V L X N M N B O P L J E I N R E S D
S Z E I C U O B U F Q Q J A U P L A Y U
Q K S W K O J I B D D W O S M B S A W K
E C F S A H R K T N C O C H B I E S K P
S F P P W T T A L A I N R O F I L A C E
E B T Y E I E N L L E A C R X A B L F Q
O S C R O D M R B L A R R E I W B T A N
D R U M O K O S O A I B C E V A E A S E
O S G M I S U V U C L N Y E A H P T R B
G H N T M U E K U I K A E E R D V I G N
R O I I P E Q R F G T S M A L Y I O E Q
I R M E I H R E V O X D I I L L D N L R
L E M D N E G S F L O R I D A G O N G N
L L I I N U C G E O G R A P H Y A V A J
E I W T A Q H C A E B I D N O B J E C S
H N S R L E V A R G N I F R U S C X F Y
S E D I M E N T S S S G T S J O P H B D
```

Solution on page 126

## Violins

ACOUSTICS

BAND

BAROQUE

BOW

BRIDGE

CASE

CELLO

CHIN

CLASSICAL MUSIC

CONCERTO

DIFFICULT

EBONY

FIDDLER

FINGERBOARD

FOUR STRINGS

HARMONICS

INSTRUMENTS

MUSICAL INSTRUMENT

MUSICIAN

NECK

NOTES

ORCHESTRA

PERFORMANCE

PITCH

PLAYING

ROSIN

SCALES

SCROLL

SHEET MUSIC

SMALL

SOLO

SONATA

SOUND

STING

STRADIVARIUS

STRING QUARTET

STRINGED INSTRUMENT

SYMPHONY

TUNING PEGS

VIBRATO

VIOLINIST

VIRTUOSO

WOODEN

```
E J Q H A R M O N I C S Y M P H O N Y F
W C W A S I S T I N G N I Y A L P G S S
O P E R F O R M A N C E S O L O M Z T T
C D O S O U T R I V N L D E W W F R N R
P I T C H L K R O T L U C I F F I D E I
Z I H A I Y T D R A O B R E G N I F M N
L I T C B S M L M O T S D U G R N T U G
N L V O R O U S L Y T E N Q S I B U R E
Y X I U I N S M S O E L U O U O T N T D
E B O S D A I N L Z R A O R I T H I S I
Z F L T G T C V O A R C S A R R R N N N
T E I I E A I X C T C S S B A E E G I S
C N N C E B A C E K E I T W V C L P I T
D E I S R J N T U R B S S H I N D E S R
Q D S A C I S U M T E E H S D O D G X U
U O T T N E M U R T S N I L A C I S U M
B O W H Y I B I U V B K U U R L F X M E
K W L E X W S O C A S E C M T N C J B N
F N F P I K Q O N O R C H E S T R A J T
Z U K F I V E D R Y K W I A N K I S D X
```

Solution on page 126

## Green Tea

ANTIOXIDANTS

ASIAN

BANCHA

BEVERAGES

BLACK TEA

BREWING

CAFFEINE

CAMELLIA SINENSIS

CHINESE

CUP

DIET

DRINK

EXTRACT

FLAVOR

GENMAICHA

GYOKURO

HEALTH BENEFITS

HEART DISEASE

HERBAL

HOT

HUIMING

HUNAN PROVINCE

ICE CREAM

```
P P E P I C E D T E A H C E S U B A K K
O L K N O X I D A T I O N T L G J J Q J
P R A S I S N E N I S A I L L E M A C V
U L U N N H T E G Y Q F Q R H X Y B U W
L J A K T W X R Q N E N I E F F A C P C
A H R B O T N E C N I V O R P N A N U H
R B E L R Y I I E N Y D Z H C X A O P I
D D L A D E G B F P N S G H N O O C S N
S E C A R Y H A N J O M A N U L L S L E
Y T E O H T H D G T M L I W O A O B S S
I O N I L C D N B T E I Y N N L N A A E
C E Z A T Q I I E T R A G P T S G A E J
E C E A D W U A S J E T L H H W J J T A
C H M N E I P A M E C A G E G E I H K P
R F S R A O X R L N A I B N A V N T C A
E K B T T I K O N I E S S A I V G O A N
A N E R E I S V I W T G E M G M E H L E
M I D D L E E A S T S Y H N L I I S B S
D R E T A W P L L A N I C I D E M U P E
A D O Y C F C F S E G A R E V E B E H Q
```

ICED TEA

JAPANESE

KABUSECHA

LONG DING

LONGJING

MATCHA

MEDICINAL

MIDDLE EAST

OOLONG

OXIDATION

PLANT

POLYPHENOLS

POPULAR

QUALITY

STEEP

TEA BAG

TEA CEREMONY

TEA LEAVES

TEAPOT

WATER

WEIGHT LOSS

YELLOW TEA

Solution on page 127

## Watercolor Painting

ADDITIVES

AQUARELLE

ARTISTS

ARTWORK

BINDER

BLUE

BRUSHSTROKES

CANVAS

COLORFUL

COOL

CREATIVE

DIFFICULT

DRAW

DRYBRUSH

EASEL

ENGLISH

FINGER PAINTING

FLUID

FRAME

GALLERY

GREEN

ILLUSTRATION

LANDSCAPE

LESSONS

LIGHT

MATERIALS

MEDIUM

METHOD

MOIST

MUSEUM

PALETTE

PAPER

PASTEL

PICTURES

PIGMENTS

PORTRAIT

RED

SCHOOL

SOLVENT

STYLE

TECHNIQUES

WASHES

WATERCOLOR PAINTS

WET

YELLOW

```
W W P A N L S K Y S F D D H J A D O P R
E M A R F R E V Y R H T L T S I O M S E
Y F Y T C J R S Q V E T I C L I I L U Y
U Q K W E Q U N S C O L O R F U L I K A
M J X O N R T C H O D S L E W F B G W V
Z V U R P O C N M O N K Y A X I R H N Y
G R L K T Q I O H U O S R T G N U T R E
H V A F I Q P T L R E D N I B G S L W L
G Q N F U N E B A O X S E V T E H O A L
J O D E L M A Q L R R A U E I R S O S O
A M S B E U F P P U T P W M J P T H H W
P U C A D D I T I V E S A Z V A R C E Z
T T A V L G I D M L L D U I K I O S S X
I I P C M L E F L S Y R W L N N K O T Y
L A E E O K E E F A T Y A E L T E L S S
E R N O Z P R S D I S B E J J I S V I Q
T T C F C A N V A S C R E D R N E E T Z
S R P M U I D E M E G U F C S G O N R B
A O M Q R L K G F C M S L A I R E T A M
P P A P E R E K U L S H E T T E L A P U
```

Solution on page 127

## Orchestras

AUDIENCE

AUDITORIUM

BACH

BAND

BASS

BATON

BEETHOVEN

BRASS

CELLO

CHAMBER

CHORUS

CLARINET

CLASSICAL MUSIC

COMPOSER

CONCERTS

CONDUCTOR

CYMBALS

DRUMS

ENSEMBLE

FLUTE

HALL

INSTRUMENTS

MOVEMENT

```
V E G A T S Y C E C H V I O L I N S S I
S P P P S J E N H J S O P I A N O M W H
Y U T A L T S N O A U D I T O R I U M U
D P R D L A N E O H M K T H E A T E R J
P B O O A G Y E L H P B D I N Q C S Z K
Z Q M H H U T G M B P M E O L L E C Y A
P Z B F R C D E W E M O Y R A C S K C H
I I O M B C U I P Q V E X S N B D O P S
F J N U E E Y S E M M O S A A G N H E K
G N E S E L T M K N U I M N S C I E K T
D I Q I T A A U B U C R D H E L W C U Q
P H Y C H R B R L A O E T R H G D E Z K
W V S I O E U D L F L N T A W E O L C P
K D S A V P T M R Q R S R B T V O P O S
L P A N E O U E E N V M T K A C W O M G
S B B S N S P O A N O I S S U C R E P N
X Q Y A I T B G O N T Q G U U T H P O I
V H S C T O R S I N O S C O R E T P S R
P U J X R O T C U D N O C L A R I N E T
Q R Q P E W N P I G J G V I B D Z P R S
```

MUSICIANS

OBOE

OPERA

ORGAN

PEOPLE

PERCUSSION

PERFORMANCES

PHILHARMONIC

PIANO

PLAY

SAXOPHONE

SCORE

STAGE

STRINGS

SYMPHONY

THEATER

TROMBONE

TRUMPET

TUBA

VIOLINS

WOODWIND SECTION

Solution on page 127

## Pilates

ACTIVITY

ALIGNMENT

APPARATUS

BACK PAIN

BALANCE

BENEFITS

BODY

BREATHE

CENTER

CLEANSING

CONDITIONS

CONSISTENCY

CONTROL

COORDINATION

DEVELOP

DISCIPLINE

ENDURANCE

FITNESS

FLEXIBILITY

FLOW

FOCUS

GOALS

GRAVITY

```
N F I T N E S S T R E N G T H E A L T H
M K B E C I T C A R P O L E V E D U B S
A C A T H I P S S D E Z P P E R F E C T
S E L N F N Y T I L I B I X E L F O G Y
F N A E N L C W D I S C I P L I N E V T
D T N M Y T N S L A O G L R Y D O B X I
D E C N O Q E S F O C U S E I D I V C V
B R E G N M T G N X R S U T A R A P P A
R O E I V O S Z I O D T I L U N G S I R
M E J L I M I T A T I O N S N L S W O G
S H F A K O S T Q D N T T O A T Q I E V
T T P O M V N M A S Y U I C C N S S N E
R A A M R E O K H N N S I S I G A P D G
O E M M R M C R E S I S T A N C E I U W
N R K U I E E D E C Y D P I T A W N R G
G B D S F N R R E H F K R I F D R E A H
H Z S C S T A R P L C P V O L M A T N Z
Q W O L F S P F N A S I N R O E D N C B
L M D E E B R G B H T O O M S C D V E N
Y E J H Q D J N E Y H W O R K O U T B Y
```

HEALTH

HIPS

LIMITATIONS

LUNGS

MAT

MOVEMENTS

MUSCLE

PERFECT

PHYSICAL

PRACTICE

PRECISION

REFORMER

RESISTANCE

SMOOTH

SPINE

SPRINGS

STAMINA

STRENGTH

STRONG

TRANSITIONS

WORKOUT

WORLDWIDE

Solution on page 127

## In the Park

AMPHITHEATRE

ARTISTS

BASEBALL DIAMOND

BASKETBALL COURT

BIKERS

BLANKET

CHILDREN

CLOWNS

DODGE BALL

DRINKING FOUNTAIN

FERRIS WHEEL

FIREPLACE

FLOWERS

GAMES

GARDEN

GAZEBO

GRILL

ICE CREAM

JUGGLERS

KITE

LANDSCAPE

LAWN

LEMONADE

```
N Z I C F X A P O V K G A A E E T S T X
E U P O N D L L A B E G D O D H I E G D
D N U O R O G Y R R E M B I P B G S N R
R A Q N L E T A B L E S L D I T T O I I
A C Q E A I X W E W T S S K E R M R M N
G H T R U O C L L A B T E K S A B S M K
A S T D C I M E C H N R N G I F T D I I
M A T L L S A L O A S A R D E R M L W N
E R E I E H E F L F L D L R U F S E S G
S T T H M C R P Y B F L R O H R R I D F
W S H C O J C Q X P A I C L E T H F R O
F S E U N P E N A B S S C L A V E R A U
I T R S A O C V E W I L G E X W P E O N
R S B R D O I S H N O G H R R A A C B T
E I A E E L A E N W U T G B G S C C E A
P T L W I B E E N J I S R L A E S O T I
L R L O N L T S R H O H I A Z E D S A N
A A N L W I L A P N W A L D E S N F K J
C P S F K F Q M P A D D L E B O A T S C
E D Q N B W A R E T L E H S O K L S J K
```

MERRY-GO-ROUND

OBSTACLE COURSE

PADDLEBOATS

PAVILION

PLANTS

POLICE OFFICERS

POND

POOL

ROLLERBLADES

ROSES

SEESAW

SHADE

SHELTER

SKATEBOARD

SLIDE

SOCCER FIELD

SWIMMING

TABLES

TENNIS COURTS

TETHERBALL

TRASHCAN

Solution on page 127

## Supportive Words

ABSOLUTELY

ADVICE

BEAUTIFUL

BELIEVE

BRILLIANT

CHEER

CONFIDENCE

CONTINUE

COURAGE

CREATIVE

DREAM

DYNAMIC

ELEGANT

FAITH

FATE

FLAIR

FRIENDSHIP

GENEROUS

GENTLE

GOOD

GRACEFUL

GREAT

HOPEFUL

IMAGINATIVE

INCREDIBLE

INDUSTRIOUS

INSPIRE

MOMENTUM

OPTIMISTIC

OUTSTANDING

PERSEVERE

POSITIVE

POWERFUL

REMARKABLE

RESOLVE

ROBUST

STRENGTH

SUCCESS

SUPPORT

TALENTED

TOGETHER

TRIUMPH

VICTORY

WINNER

WONDERFUL

```
U P H U Y H P M U I R T O G E T H E R F
D Y N A M I C O N F I D E N C E E A S L
O R P T C F R I E N D S H I P T G B U A
O O O M Q I N S P I R E L D C H A S C I
G T W B W H T I A F L W I N N E R O C R
O C E R E O T S U B O R G A C V U L E E
U I R I L L N F I N D U S T R I O U S E
Z V F L U P I D E M P G S S E T C T S H
C L U L F T E E H I Q R T A A Y E T C
V S L I E R I R V R F T U U T N X L K I
Q F U A C E H T S E F S P O I I E Y S U
P N F N A M O T S E L U J O V G V T T A
U U I T R A P A G U V T L B E A I D A J
X E T R G R E L H N O E N Y G M T R A F
V T U O M K F E D I E R R E W I I E D X
R Y A P E A U N X T B R E E G X S A V G
M L E P G B L T A N M U T N E M O M I E
G M B U X L R E S O L V E S E A P L C L
Z K V S V E R D K C A V T N A G E L E K
I B A I C G E T U O M T R D E D L N Q J
```

Solution on page 127

## Massage

AQUATIC

ATHLETES

BACK

BED

BODY

CHAIR

ELBOWS

FEEL

FINGERS

FOREARM

GELS

HANDS

HEAD

JOINTS

KNEES

LOTIONS

LYING

MAT

MEDICAL

MOTION

MOVING

MUSCULAR

OILS

```
G U N H H I B Y E M U S C U L A R Y E S
M S A A D H Y Z S S T I F F N E S S H P
P I N A B A H Z E R P D Y Q C Y D O B B
J D S O C S J H L T E N S I O N U F N L
S L L T I L F D B L C F P B K L E E F S
D L L D O T Y D A E H I L G D P D O U L
L E E L A N O I T A E R C E R B N O R F
W W Y S M Z E L N N G Q R O X S R S U Q
S W A T I M S S T G I S F W N O E D F B
M M Z S T R U C T U R E D O G A L E I A
L U K I P A W U O B S U I I Q V W O N C
H V S P C E J F S S N T V U C S L C G K
Z C H A I R N O I T A X A L E R T I E Y
N T C R B O C O I R A T S T R O P S R S
D O Q E Y F N A B N I I E Y U T P X S L
S U I H L A P I V C T L H Y S W O B L E
J C Q T L Y V L C Q H S R S S M E V X G
X H R H O G N I T T I S O M E D I C A L
G N I V O M R H A O I L S T R O K E S H
F G D C D M N L M X G X L D P V J N G M
```

PRESSURE

PROFESSIONAL

RECIPIENT

RECREATIONAL

REFLEXOLOGY

RELAXATION

SHIATSU

SHOULDERS

SITTING

SPORTS

STIFFNESS

STONES

STROKES

STRUCTURED

SWEDISH

TABLE

TENSION

THERAPISTS

TOUCH

VIBRATION

VIGOROUS

WELL

Solution on page 128

## Craft Projects

```
Z X Z Q W E Y P E L Y V W I H X P A M J
S B M E E S E I R O M E M C A N D L E S
M U G H S T N E M A N R O P E N C I L G
H T O L C P D B G H W Z M F U T U L Z L
C T D T L I U Q A W D N Q F H W A S Z I
R O G C O L O R F S E E V Q A B N K U A
O N N R Q K W N X X K F C E N O U O P T
C S B O K R K E P Y K E T O Y P L A N E
H M R S I O S B I O L A T A R L A I I V
E A A E R T E D O B N T R M Z A A R A O
T A C Y D E A B A I O C O K A P T O T D
J E E H I L P N M C I L S O L K C I S D
S M L S C A O A I Y T A T R C X I G O G
P A E L R I L H P G S Y E I Y W R N R N
R M T C H O M W T P A B N G R R B I G I
Z O S S K J S A G O A M C A E E A W S R
E T A E R C F S R T P L I M T A F A X T
U F U D N Y W N I E V G L I T T E R A S
V L X L N A L K J C C O S T O H H D U L
G N Q H R I B B O N S C C R P S I D U K
```

ART

BASKET MAKING

BATIK

BRACELETS

BUTTONS

CANDLES

CERAMIC

CLAY

CLOTH

COLOR

COTTON BALLS

CRAYONS

CREATE

CROCHET

DECORATION

DOVETAIL

DRAWING

EMBROIDER

FABRIC

FASHIONABLE

FUN

GLITTER

GLUE

IMAGINATION

LAMINATE

MEMORIES

ORIGAMI

ORNAMENTS

PAINT

PAPER

PENCIL

POTHOLDERS

POTTERY

PUZZLE

QUILT

RIBBONS

SCISSORS

SCRAPBOOK

SEW

STAIN

STENCILS

STRING

TOY PLANE

WEFT

WREATHS

Solution on page 128

## Loafers

BROWN

BUSINESS

CASUAL

CLASSIC

COLLEGE

CORDOVAN

CULTURE

DECORATIONS

DESIGNS

DRESS

ELASTIC

ELEGANT

FLAT

GUCCI

GUSSETS

HEELS

IMAGE

INFORMAL

INSERTS

LACELESS

LEATHER

LEISURE

LIGHT

```
D S F H W L D M R Z P V D X V B I G B S
Q A D N V S L F H T R I K M G R M B J R
D X X E X H K S L A Z T W I R U X F Q H
Q F I O C G I S S L I P P E R S N S Z P
D Q V O M O E A D F K N F B L A U S A C
L C U L T U R E T O O X F R V N U R V M
S Z J C I S S A L C N S E O H S T A O D
P L Y D C I R S T H Y A D W R S X C N S
Z E S E G E R L H I U R H N E M C I S K
I D N N V D R E S S O D P H I A A E C V
O E S I X K W E H C T N N R S Z L L U V
C P V F Q W D H I T B U S I N E S S E Y
L A L E U E E T I I A W N S C P C L B F
L Y R R X A S E F C P E O A W O E I E Y
T N G A E A C N J C C O L L E G E G R E
X N L C L B E A E U S Y S E A G X H U E
T E T E M U U A Q G N X I N S E R T S D
R P G J X C P G M H A S T E S S U G I E
H A L Z V G O O U L C M U X K Q Z U E U
N T K T V S R R P N P O I T A S S E L S
```

LOW

MOCCASIN

PENNY

POPULAR

REFINED

RELAXED

REVIVAL

SHOES

SLIPPERS

SNUG

STRAP

SUEDE

TASSELS

WEEJUNS

Solution on page 128

## Rainbows

AIR

ARCH

ATMOSPHERE

BEAUTY

BLUE

CLOUDS

COLORFUL

DOUBLE

DROPLETS

EARTH

GREEN

HUES

INDIGO

LEPRECHAUN

METEOROLOGICAL

MIST

MOONBOW

MYTHOLOGY

OPTICS

ORANGE

OVER

PHENOMENON

POT OF GOLD

PRISM

PROMISE

PURPLE

RAIN

REFLECTION

REFRACTION

SKY

SPECTRUM

SUNLIGHT

SYMBOL

VIOLET

WATER

WAVELENGTH

YELLOW

```
Q B X X M R A Z P P W E X E A U U S K H
C M I E W Y B X W V I Y G K S H H G G N
I B P F A T E O L E Q G D N O H C R A M
M C B M T Y H T G N E L E V A W J E D L
W O L L E Y X G Z N O I T C A R F E R W
I M U E R T K M I G B K S E U H O N O N
N N E Q R S E S F L N I A R T T C M P F
O X I I F D Y O G Z N T P R I S M O L L
N U I J W U T G R W M U A I R K H C E O
E U U A Q O E C O O X E S I M O R P T B
M Y A P P L D B S L L N Z V M N R S S M
O F J H B C N P U W O O Z I E O I G P Y
N W R U C O H F M E V H G Y G M W P E S
E V O L O E R E F L E C T I O N R I C G
H D T M R O R X T L R U D Y C R B I T I
P D O E L C D P P W A N T N M A T O R Z
K C Y O L B A R E E I G J J T P L L U S
D D C P H O U K B L D Y P A O H B I M N
D B I S Z P I T X M C F K E W C G J Y F
D U A V E J T V J D U P E U J T M H R J
```

Solution on page 128

# ANSWERS

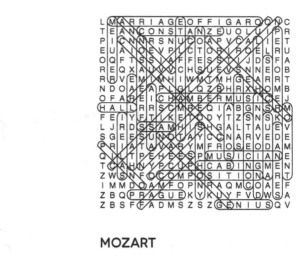

**NEW AGE**

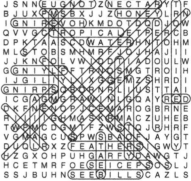

**MOZART**

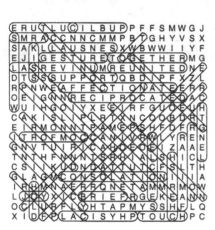

**HUGS**

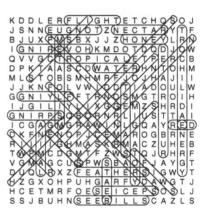

**HUMMINGBIRD**

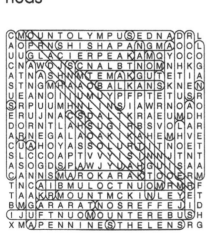

**MOUNTAINS**

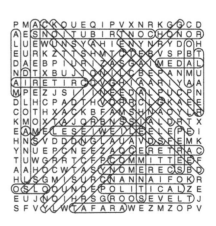

**NOBEL PEACE PRIZE**

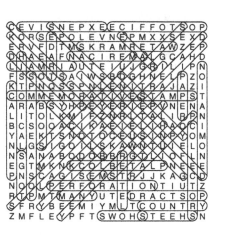

**STAMP COLLECTING**

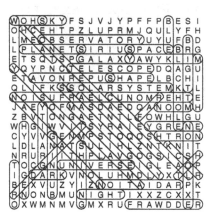

**STARS**

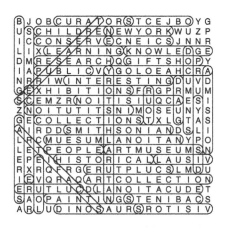

**MUSEUMS**

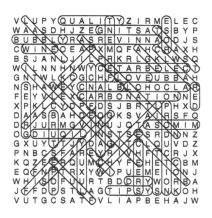

**HAVE SOME CHAMPAGNE**

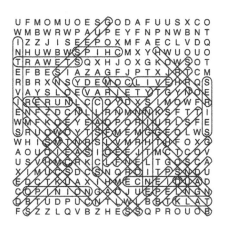

**TV NIGHT**

**ORIGAMI**

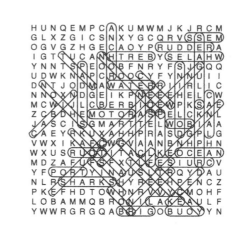

## COOKING FUNDAMENTALS

## BOATING

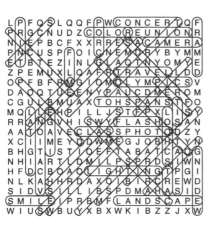

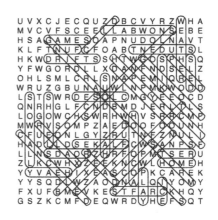

## TAKE A PICTURE

## SNOWED IN

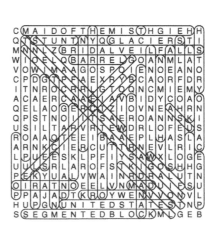

## YUMMY ICE CREAM

## NIAGARA FALLS

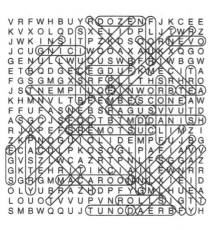

**BAKERIES**

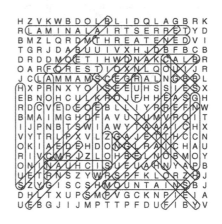

**PANDAS**

**PILLOWS**

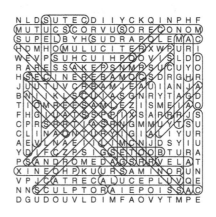

**HEAVENLY CONSTELLATIONS**

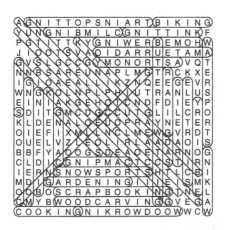

**PLEASANT PASTIMES**

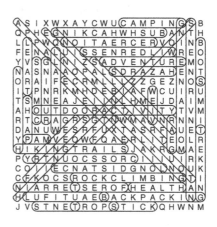

**GO HIKING**

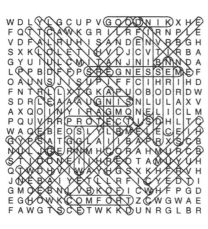

**FESTIVAL**

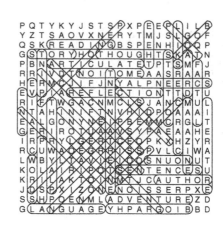

**LIKE TO WRITE**

**ANGELS**

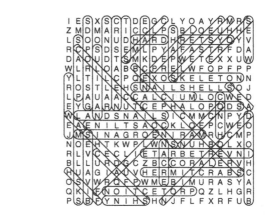

**SEASHELL COLLECTION**

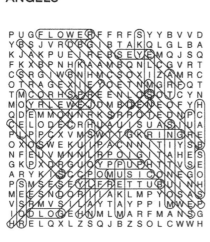

**NICE AND PRETTY**

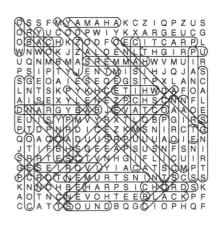

**PIANOS**

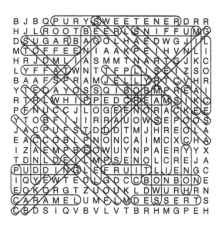

**SOMETHING SWEET**

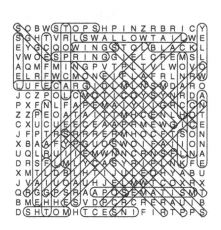

**BUTTERFLIES**

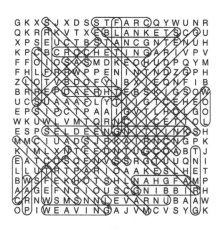

**KNITTING**

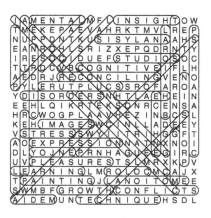

**ART THERAPY**

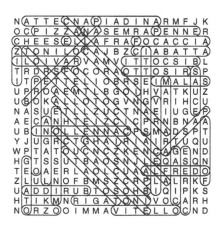

**ITALIAN FOOD**

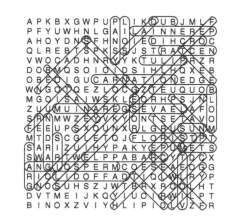

**FLOWERING PLANTS**

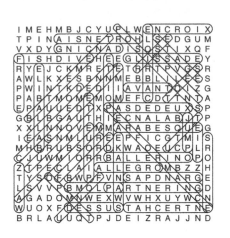

**BALLET DANCE**

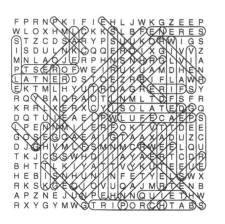

**COZY CABINS**

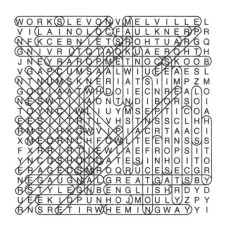

**CLASSIC LITERATURE**

**PERFECT PICNIC**

**RURAL LIVING**

**SWIM TIME**

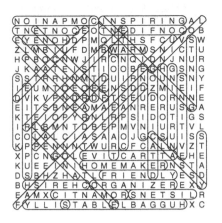

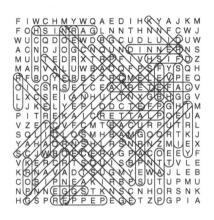

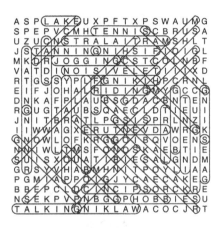

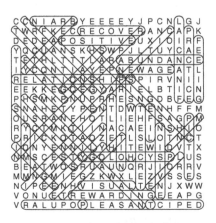

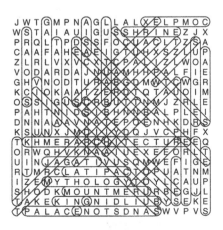

**MUSICAL CHORDS**

**MY WIFE**

**RECREATIONAL**

**EAT UP**

**ANGKOR WAT**

**CREATIVE VISUALIZATION**

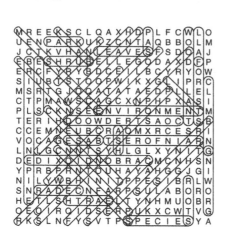

**TREES**

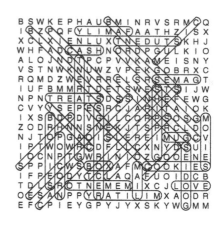

**CARE PACKAGE RECEIVED**

**FISHY**

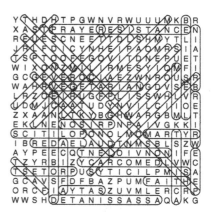

**MAHATMA GANDHI**

**ROMANTIC ESCAPE**

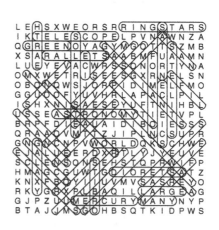

**CELESTIAL BODY**

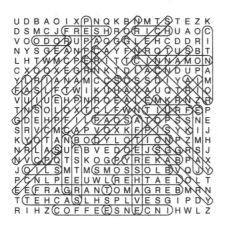

**SMELLS FINE**

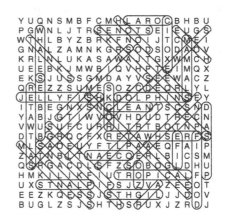

**AQUARIUM**

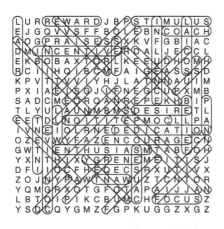

**GET MOTIVATED**

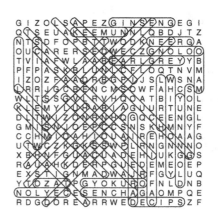

**TEA PARTY**

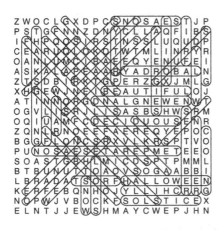

**AUTUMN**

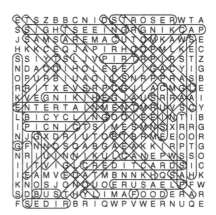

**VACATION TIME**

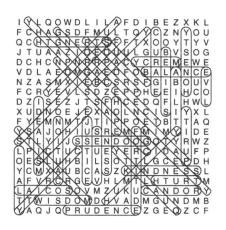

**CENTRAL PARK**

**CASUAL CLOTHING**

**VIRTUOUS**

**GARDENING**

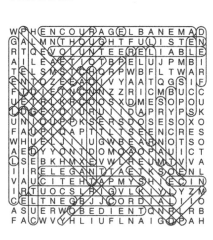

**VERY GOOD**

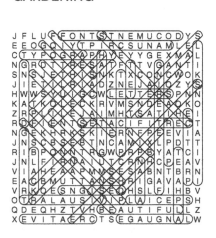

**CALLIGRAPHY**

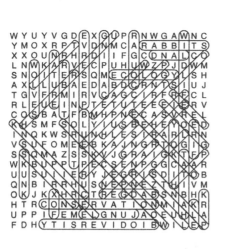

**DEEP IN THE FOREST**

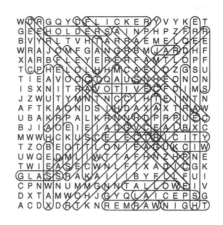

**CANDLES**

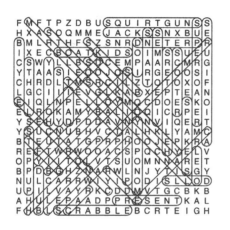

**FUN TOYS**

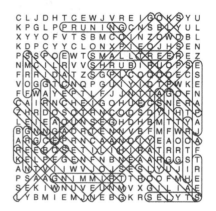

**BONSAI CULTIVATION**

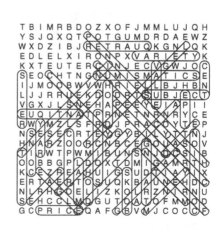

**TIME PASSES**

**NUMISMATICS**

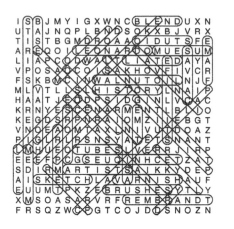

**OIL PAINTING**

**FUN WITH KIDS**

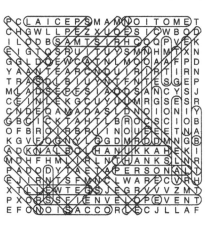

**GREETING CARD**

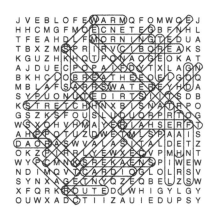

**EASY JOG**

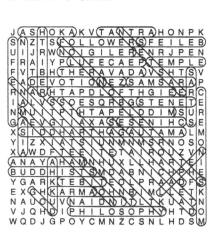

**BUDDHISM**

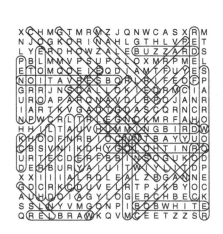

**BIRD WATCHING**

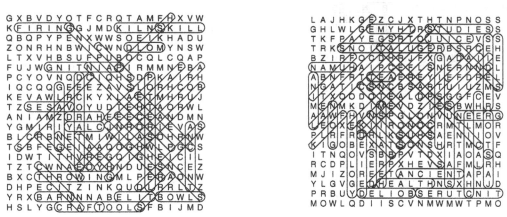

**POTTERY**

**HERBAL MEDICINE**

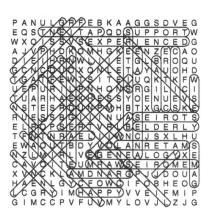

**SPRING BREAK**

**GRANDPARENTS**

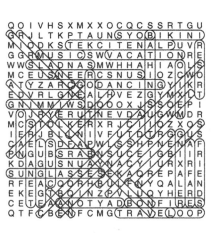

**TROPICAL GETAWAYS**

**OPERA**

**AROUND HOME**

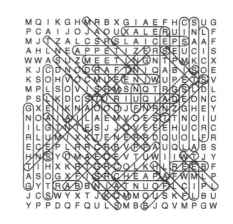

**HAPPY HOUR**

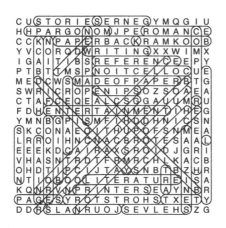

**BOOKS**

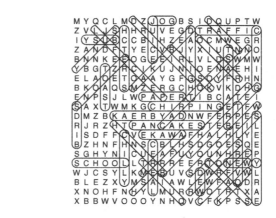

**MORNING ROUTINE**

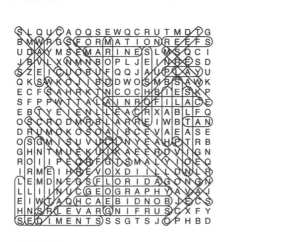

**AT THE BEACH**

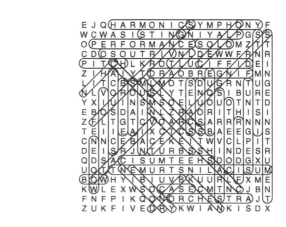

**VIOLINS**

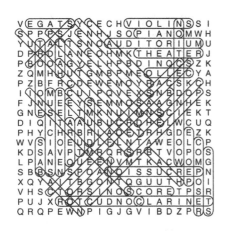

**GREEN TEA**

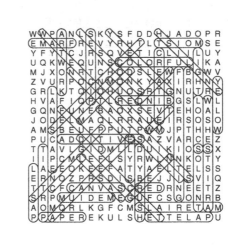

**WATERCOLOR PAINTING**

**ORCHESTRAS**

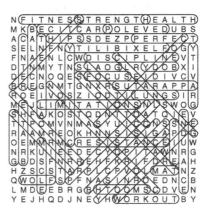

**PILATES**

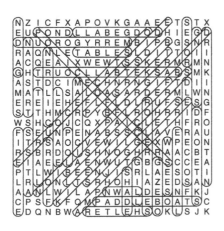

**IN THE PARK**

**SUPPORTIVE WORDS**

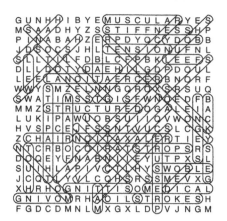

**MASSAGE**

**CRAFT PROJECTS**

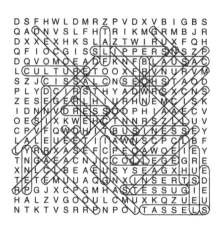

**LOAFERS**

**RAINBOWS**